Engelmann / Buurman-Paul

Vom Fohlen
zum Reit- und
Fahrpferd

Uta Engelmann / Ulrike Buurman-Paul

Vom Fohlen zum Reit- und Fahrpferd

Aufzucht und Ausbildung
im Einklang
mit der natürlichen Veranlagung
des Pferdes

CIP-Titelaufnahme der Deutschen Bibliothek

Engelmann, Uta:
Vom Fohlen zum Reit- und Fahrpferd: Aufzucht
und Ausbildung im Einklang mit der natürlichen
Veranlagung des Pferdes / Engelmann;
Buurman-Paul. – München; Wien; Zürich: BLV,
1989
    ISBN 3-405-13767-5
NE: Buurman-Paul, Ulrike:

Bildnachweis

Bichlmeier S. 129 unten
Buurman-Paul S. 67, 109 oben, 110, 120
Czerny S. 103, 114
Deubzer S. 17 links, 41, 44, 53, 58, 69, 77, 78,
    80, 86, 87, 97 oben, 105, 106, 108, 111, 113,
    116, 117
Engelmann S. 17 rechts, 31
Horstmüller S. 16, 136, 137
Kemmler S. 6, 8, 27, 30, 36, 43, 84, 110
Landsberger S. 97 unten, 124, 125, 132, 133
Palzer S. 11, 29, 47, 48, 109 unten, 129 oben,
    135

Titelfoto: Jürgen Kemmler
Grafiken: Volker Greiner (S. 98, 99, 100, 101,
    130, 131)

BLV Verlagsgesellschaft mbH
München Wien Zürich
8000 München

Gesamtherstellung:
Ludwig Auer GmbH, Donauwörth

Printed in Germany
ISBN 3-405-13767-5

Inhalt

Vorwort   7

Voraussetzungen für die
erfolgreiche Aufzucht und
Ausbildung   9

Sorgfältige Planung und Steuerung   9
Eignung des Aufzüchters und
Ausbilders   10
Erkennen der artspezifischen
Bedürfnisse des Pferdes   11
Reelle Grundlagen und Zielsetzung
der Aufzucht   16

Entwicklung   17

Der gesunde Körper – das Exterieur   17

Wachstumsbeeinflussende Faktoren   18
Körperliche Reife   18
Haltung und Fütterung   26
Die Gesundheit   34

Der gesunde Geist – das Interieur   41
Beurteilung von Entwicklung und
Belastbarkeit   50

Ausbildung   51

Grundlagen der Ausbildung   51
Der Grundstein: Die Erziehung   62
Zwischen Erziehung
und Grundausbildung   77
Grundausbildung   85

Das junge Pferd lernt arbeiten   85
Wahl des Ausbildungsplatzes   87

Aufbau der Stunde und Trainingseinteilung   88
Ziel der Grundausbildung: Geregelte Arbeit   90
Der Ernst des Lebens beginnt – die Longen-
arbeit   94
Das Einfahren   102
Das Anreiten   110

Es gibt Probleme   119

Der erste öffentliche Auftritt   122

Planung und Vorbereitung   122
Schick machen   125
Zuchtpferde-Veranstaltung   128

Zuchtpferde auf Schauen   128
Turnier / Leistungsschau   133
Umzüge, Volksfeste, Reiterfeste   134

Ausblick: Vom Anreiten
zur Reitkunst   136

Vorwort

Dieses Buch wendet sich – in Fortsetzung zu »Fohlen« – an den nun schon geübteren Fohlenhalter. Es wird vorausgesetzt, daß er in etwa weiß, wie Pferdekoppeln und Ställe ausschauen sollen, daß er mit den Grundzügen und Praktiken der Pferdefütterung schon ein wenig vertraut ist – und wenn er einmal etwas nicht so genau weiß, daß er doch immerhin weiß, wo er nachschlagen kann! Dieses Buch zeigt ihm jedoch das genaue Warum und Wieso, damit er Fehler in der Aufzucht, die immer zu Lasten des Pferdes und meist auch zu Lasten des Geldbeutels gehen, vermeiden kann!

Es wird ebenso davon ausgegangen, daß der Leser mit einem gut erzogenen und ausgebildeten Pferd umgehen kann. Sonst wäre auch der Versuch, zu erziehen und auszubilden, ein unabwägbares Risiko! Die Autoren versuchen jedoch, Hilfestellung zu geben, die Klippen von Aufzucht und Ausbildung glatt zu umschiffen – und die der Ausbildung dem Nichtreiter bzw. Nichtfahrer wenigstens zu zeigen, damit er in der Lage ist, sich einen wirklich geeigneten Ausbilder zu suchen. Als Allerwichtigstes wird ständig gezeigt, daß es unumgänglich ist, in Aufzucht und Ausbildung mit der natürlichen Veranlagung des Pferdes zu arbeiten und nicht gegen sie – und wie dies im Einzelfall konkret möglich ist.

Daß es mehr zufriedene, leistungsbereite, leistungsfähige und langlebige Pferde und mehr glückliche Pferdemenschen gibt, ist Ziel und Zweck dieses Buches und der Wunsch der Autoren.

Uta Engelmann
Ulrike Buurman-Paul

Maßgebenden Einfluß auf die Entwicklung des jungen Pferdes hat der Aufzüchter. Neben der Liebe zum Tier muß er auch die entsprechenden fachlichen wie charakterlichen Voraussetzungen mitbringen.

Voraussetzungen für die erfolgreiche Aufzucht und Ausbildung

Sorgfältige Planung und Steuerung

Blindes Laufenlassen und »Draufloswurschteln« läßt heutzutage auch aus den besten Fohlen nicht mehr automatisch gute Pferde entstehen. Daher wird es immer wichtiger, Aufzucht und Ausbildung sorgfältig zu planen und zu steuern. Während intensive Landwirtschaft und zunehmende Umweltbelastung eine wirklich gesunde Ernährung und Haltung immer mehr erschweren, steigen ständig die Anforderungen an Frühreife und Leistungsfähigkeit des Pferdes sowie an die Qualität der Ausbildung.

Das junge Pferd durchläuft während seiner Aufzucht und Ausbildung verschiedene Reifestadien, in denen es auch unterschiedliche Ansprüche stellt – besonders in Hinblick auf Fütterung, aber auch auf Haltung und sorgfältige Dosierung der Belastungen. Wann diese Reifestadien jeweils erreicht werden, hängt nicht nur von der rassespezifischen oder individuellen Früh- oder Spätreife ab. Maßgebenden Einfluß hat hier der Aufzüchter, der über Fütterung und Umweltgestaltung die Wahl hat, die Entwicklung entsprechend anzupassen – zu bremsen oder zu treiben. Freilich birgt das »Treiben« erhebliche Gefahren (geringere gesundheitliche Stabilität und verkürzte Lebenserwartung) und ist ein eigentlich nicht zu verantwortendes Risiko.

Ich bedaure es sehr, daß dieses Thema dennoch kein »heißes Eisen« ist. Wohl ist dieses Problem jedem Pferdekenner bekannt, es wird jedoch sehr erfolgreich verdrängt. Der intensive Druck »von oben«, der Frühreife beim Zucht- wie beim Rennpferd regelrecht erzwingt, ist beinahe weltweit. Eine wohltuende Ausnahme bildet hier Frankreichs Zuchtkonzept: Der Erfolg stellt sich bereits durch einen immer größer werdenden Einfluß nicht nur auf den Rennsport, sondern auch auf den weltweiten Reitsport ein.

Immer mehr steigen auch die Anforderungen in puncto Leistungsfähigkeit. Gleichzeitig nehmen sich sogar verantwortungsbewußte Reiter immer weniger Zeit, ihr Pferd schonend aufzubauen, zu trainieren und ständig körperlich und nervlich fit zu halten. Robustheit – bis hin zur Pflegeleichtigkeit – und Charakterfestigkeit sind also Eigenschaften, die immer wichtiger werden. Dies gilt nicht nur für Spitzensportpferde. Auch der Freizeitfahrer und Hobbyreiter möchte sich im heutigen Straßenverkehr sicher bewegen können, noch dazu mit einem Pferd, das die ganze Woche über nicht gearbeitet wird. Auch der langjährige Aufzüchter und Ausbilder, der über Erfahrung und ein gutes »Auge« verfügt, muß sich zunehmend neu orientieren, um mit den steigenden Anforderungen Schritt halten zu können.

Eignung des Aufzüchters und Ausbilders

Wie Sie bisher unschwer gesehen haben, stellen sich an den Aufzüchter hohe Ansprüche in Richtung »Durchblick« – den man heutzutage nicht durch Intuition oder angeborene Intelligenz erhält, man muß schon auch aktiv etwas dafür tun und ständig weiter lernen! Auch sein Charakter wird ganz schön gefordert: Zu dem nötigen Verantwortungsbewußtsein soll der Aufzüchter auch über eine gewisse Sachlichkeit verfügen – denn es gibt auch unbequeme Entscheidungen zu fällen. Und er soll den Pferden eine »Leitpersönlichkeit« sein. Die Pferde sollen ihren »Chef« respektieren – aber auch sympathisch finden. Heutzutage sagt man sogar den Zimmerpflanzen nach, daß sie merken, wenn man sie liebt (früher nannte man das prosaisch »einen grünen Daumen« haben). Wie könnte man da annehmen, daß das so sensible Pferd, das so stark auf die Stimmungsschwankungen des Menschen reagiert, nicht besser gedeiht, wenn es sich geliebt fühlt? Welchen Einfluß dieses liebevolle Eingehen auf die Pferdepsyche hat, wird vor allem bei der Ausbildung klar.

Manch sonst guter Reiter murkst monatelang auf einem Pferd herum – dann setzt sich einer »mit Gefühl« drauf – und in kürzester Zeit fällt auf einmal der Groschen. Hat der erste Reiter den Draht zu seinem Pferd nicht gefunden – vielleicht waren sie sich eben nicht wirklich sympathisch –, so kann man sicher sein, daß der zweite Reiter mit viel Liebe und »Mitgefühl« zeigend seine Begabung einsetzte.

Über der Liebe darf jedoch die Konsequenz, mit der das Pferd behandelt wird, nicht zu kurz kommen. Chef muß der Mensch bleiben, untergeordnetes Herdenmitglied das Pferd – eine Rolle, in der sich ein so ausgesprochenes Herdentier wie das Pferd auch durchaus wohlfühlt. Verständliche Hilfen, zur Not eine prompte, der jeweiligen Sensibilität angepaßte Strafe, ein Trösten, wenn's mal »dick kam«, immer auch einen Anlaß für Lob suchen oder auch schaffen, wenn sich mal keiner findet – in der feinen Abstimmung dieser Mittel zeigt sich der Meister. Dieser Meister – oder selbstverständlich diese Meisterin – braucht: Herz, Verstand und eine stete wache Aufmerksamkeit, denn nur stete gute Beobachtung deckt Zusammenhänge und Fehlerquellen auf. Last but not least: Der Aufzüchter wie Ausbilder muß ehrlich erkennen, wo seine fachlichen Grenzen liegen und sich dann an einen besseren um Rat und Hilfe wenden!

Erkennen der artspezifischen Bedürfnisse des Pferdes

Zum Verständnis der Bedürfnisse des Lauf- und Herdentieres Pferd wird hier noch einmal auf Abstammung und Entwicklung des Hauspferdes eingegangen.

Abstammung und Entwicklung der Hauspferde

Die Abstammung der Hauspferde

Das heutige Hauspferd ist auf vier Urformen zurückzuführen. Die etwa 3000 Jahre menschlicher Zucht und Obhut haben nicht ausgereicht, den Charakter der Pferde zu ändern oder ihre natürlichen Bedürfnisse abzustellen.

Der Mensch hat nur die umgänglichsten Exemplare für seine Zwecke ausgewählt und, wiederum nach seinem Bedürfnis, kräftig herumgekreuzt – mal kräftiger, mal schneller, mal kleiner, mal größer.

Deshalb werden Sie wahrscheinlich Merkmale, die Ihr Fohlen zeigt, in mehreren Urtypen aufspüren – demnach trägt Ihr Fohlen dann gemischte Erbanlagen und kann z. B. Charaktermerkmale mehrerer Gruppen zeigen. So kann etwa ein Typ-I- und -II-Pony zwar gutmütig, aber trotzdem stur sein. Die Mischung von Typ II mit Typ III bringt halt gern zu der Sturheit die Gereiztheit mit einer gelegentlich elektrischen Hinterhand!

Zeigt Ihr Fohlen auch nur wenige Merkmale eines Typs, so können Sie sicher sein, daß es auch Ahnen aus dieser Gruppe hat und folglich auch die Bedürf-

Erkennen und Eingehen auf die artspezifischen Bedürfnisse des Pferdes sind Grundvoraussetzung für eine erfolgreiche Aufzucht. Solch ideale Bedingungen geben dem Fohlen alle Chancen.

nisse und das Verhalten dieser Ahnen zum mehr oder minder großen Teil in sich trägt. Ständige Reinzucht bei unveränderter Umwelt hätte die vier Typen rein erhalten (wie wir beim Exmoor-Pony sehen).

Vermischungen und Zucht führten zu den unterschiedlichsten Hauspferderassen

Die heutigen Wildpferde sind übrigens alle verwilderte Hauspferde und stellen daher keine reinen Typen mehr dar. Die vier Urtypen vermischten sich in den Randzonen ihrer Stammgebiete schon von eh und je ein wenig. Als der Mensch sich dann das Pferd als Nutztier zähmte, hat er dem »Vermischen« durch mehr oder minder planmäßige Zucht noch kräftig nachgeholfen.

Vermischung von Typ I mit Typ IV ergibt die Tendenz zu Kleinwüchsigkeit (ein typischer Vertreter: Das Welsh Mountain-Pony). Bei Vermischung von Typ II mit Typ III ergibt sich die Tendenz zu Riesenwüchsigkeit (typischer Vertreter: bodenständige, schwere Warmblutrassen).

Um die Nachteile von I und IV (zu fein, zu leicht, zu klein) auszugleichen, wurden Typ II, aber auch Typ III eingekreuzt. So sind z. B. beim Haflinger neben dem Ponykopf und dem Araberkopf der schwere, große kaltblütige Kopf, aber auch schmale, lange Schädel mit besonders langem Nasenteil zu finden – und natürlich alle Mischungen – wie schwere, grobe Schädel mit Hechtprofil.

Den Nachteilen von II und III – die Tiere werden vor allem in guten Futtergebieten gern größer und schwammiger – suchte man durch »Auftrocknung« mit Typ IV, dem Vollblutaraber, zu begegnen. Ein typisches Beispiel: Der Trakehner.

Heute wird in allen Warmblutzuchten das englische Vollblut benutzt, um Trockenheit und Härte zu erhalten. Eine Reduzierung des Größenwuchses ist heutzutage nicht erwünscht, daher wird das Arabische Vollblut außer in der Trakehnerzucht sowie Reitponyzucht zum Veredeln momentan nicht benutzt.

Das Englische Vollblut ist für schnelllebige menschliche Begriffe eine alte Rasse, da seit über 200 Jahren das Stutbuch »geschlossen« geführt – das heißt, ausschließlich mit dem Erbgut der damals eingetragenen Tiere gearbeitet wird.

Die Rasse zeigt durch Inzucht auf vier Berber- und Araberhengste eine weitgehend homogene Mischung von Typ III mit Typ IV.

Daß die Muttergrundlage, die damit verdrängt wurde, englische Stuten mit Typ-I- und sogar Typ-II-Grundlagen sind (die allerdings bereits seit der Römerzeit mit Orientalen veredelt wurden), zeigen der typisch ponyähnliche Vollblutkopf und gelegentliche »Riesenvollblüter« – wie in Deutschland etwa der überragende Meiler »Lirung«, geb. 1982, der ein wahres Schlachtschiff war und neben typischen, zierlichen Vertretern seiner Rasse wie ein Kaltblut wirkte. Nichtsdestoweniger war er ein Spitzenexemplar dieser beispielhaft nur auf Leistung – nicht auf Exterieur – ausgerichteten Zucht.

Den individuellen Unterschieden unserer so »zusammengekreuzten« Pferde sollte ganz besonders in der Erziehung, Haltung und Aufzucht der Fohlen vollste Aufmerksamkeit gewidmet werden.

Die vier Urtypen, auf die das Pferd zurückgeht

Typ I – Das Urpony

Stammgebiet:	Gemäßigte Zone, stark hügelig und regenreich.
Futtertyp:	Rauhfutterfresser, sehr guter Futterverwerter.
Wettertyp:	Verträgt Kälte sehr gut, widerstandsfähig gegen Nässe, leidet unter großer Hitze.
Reaktionstyp:	Aufgeweckt, lebhaft, mittlere Gehlust bei gemäßigten, besonnenen Reaktionen, gutmütig.
Herdenverhalten:	Sehr gesellig und verträglich, auch in größeren Herdenverbänden.
Typ-Merkmale:	Kurzer Kopf, breite Stirn, runde Nase, weit auseinanderstehende kleine Ohren, große, freundliche Augen, kräftige, harmonische Gliedmaßen, leicht kuhhessige Stellung der Hinterbeine, sehr rundrippiger und geschlossener Körper, dichte Behaarung, Mähne und Schweif üppig, kleine, feste Hufe. Typische Farbe: Torfbraun mit dunklem Maul und dunklen Beinen.
Heutiges Vorkommen:	Das Exmoor-Pony als nahezu reiner Typ. Gemischt: In allen Ponys sowie in allen rundrippigen Pferden und solchen mit Pony-Kopf (Kaltblütern, Warmblütern, Vollblütern und auch Arabern).

Typ II – Das Tundrenpony

Stammgebiet:	Tundren, kalte Steppen, kalte Hochgebirgstäler.
Futtertyp:	Rauhfutterfresser, sehr guter Futterverwerter.
Wettertyp:	Verträgt Kälte hervorragend, Nässe und Hitze mittel bis mäßig.

Reaktionstyp:	Phlegmatisch bis faul. Wenig Gehlust. Wenig Fluchttendenz. Häufig sehr starrsinnig und eigenwillig bis zur Sturheit. Kämpft in Bedrängnis.
Herdenverhalten:	Oft heftige Rangauseinandersetzungen. Liegt die Rangordnung fest, gute Verträglichkeit, besonders in kleinen Herden.
Typ-Merkmale:	Großer, schwerer Kopf mit mächtigen Kiefern, elchartige »Schneepflugnase«, kleine Schweinsäugelchen, kurzer, schwerer Hals, tiefer Rumpf, sehr kräftige Gliedmaßen, große, flache Hufe, abgezogene und gespaltene Kruppe, starker Fesselbehang. Ursprüngliche Färbung: Farbwechsler mit im Winter hellen Bäuchen, hellen Beinen und hellen Nasen, sehr grobes Haar, im Winter wollig, Mähne und Schweif zweifarbig.
Heutiges Vorkommen:	Rein ausgestorben, gemischt: Bei allen Kaltblütern, schweren Kleinpferden (Isländer, Haflinger, Norweger) starke Anteile; mittlere Anteile bei allen sehr großwüchsigen Rassen.

Typ III – Das Ur-Steppenpferd

Stammgebiet:	Warme trockene Steppen.
Futtertyp:	Körnerfresser, sehr hartfuttrig, großer Futterneid.
Wettertyp:	Hitzetoleranz hervorragend, bei Kälte steigt der Futterbedarf noch mehr an, sehr wenig Widerstandskraft gegen naßkaltes Wetter.
Reaktionstyp:	Sehr heftiges Pferd mit ausgeprägtem Laufbedürfnis, Fluchttyp. Gelegentlich sehr reizbar im Temperament und von nachtragendem Charakter.
Herdenverhalten:	Einzelgängerisch, futterneidisch, großer Individualabstand.
Typ-Merkmale:	Lange, schmale Ramsköpfe, sehr trocken und mit besonders langem Nasenteil; eng zusammenstehende, lange Ohren; langer, dürrer Hals; kräftige, doch flache Gliedmaßen; knochiger, klappriger, aufgezogener und hochbeiniger, flach bemuskelter Typ. Dünnes, kurzes Haar. Typische Färbungen: Sandfarbene Tönungen, helles Braun bis Rot, Falbfarben, gelegentlich Eselskreuz, Aalstrich, Zebrastreifen.

Heutiges Vorkommen:	Am stärksten in Berbern, sehr stark spürbar in allen spanischen Rassen, allen europäischen und russischen Warmblutrassen, Lipizzanern, Kladrubern, aber auch Trabern und Vollblütern. Spuren sind aber auch in einigen Ponyrassen sowie kaltblütigen Rassen feststellbar. Auch der Rennaraber – Muniqui-Typ – zeigt deutliche Spuren.

Typ IV – Der Ur-Araber

Stammgebiet:	Warme, niederschlagsarme Hügelgebiete (»Steinwüsten«).
Futtertyp:	Körnerfresser, jedoch guter Futterverwerter. Lange Freßzeiten durch intensives Kauen.
Wettertyp:	Bei trockenem Wetter allen Temperaturen gewachsen, empfindlich gegen hohe Luftfeuchtigkeit und naßkaltes Wetter.
Reaktionstyp:	Sehr lebhaft, ausgeprägter Lauftyp, blitzartige Reaktionen, Fluchttyp.
Herdenverhalten:	Gesellig, liebevoll, vor allem in kleineren Gruppen bzw. Familienverbänden.
Typ-Merkmale:	Trockene, kurze Hechtköpfe mit spitzen, schmalen Nasen, großen Nüstern, großem Gesichtsteil, vorgewölbter Stirn, sehr großen, dunklen Augen; wenig ausgeprägtem Gebißteil, kleinen Ohren mit nach innen gerichteten Spitzen. Sehr feine Gliedmaßen, harte, kleine Hufe; getragener Schweif; sehr feines Haar, Schweif und Mähne dünn und seidig. Insgesamt ein drahtiger, trockener Typ. Typische Färbung: Schimmel.
Heutiges Vorkommen:	Alle Araber, Vollblüter, »edlen« Ponys, alle Reitpferderassen, aber z. B. auch in den französischen Kaltblutrassen.

Reelle Grundlagen und Zielsetzung der Aufzucht

Als *Grundlage* einer erfolgreichen Aufzucht können einzig und allein die Bedürfnisse des Pferdes dienen. Dies ist keine tierschützerische Forderung – sondern schlicht und einfach der billigste und einzig vielversprechende Weg! Teure Krankheiten sind im Budget nicht drin und stellen ein Risiko für die spätere Belastbarkeit dar.

Als *Ziel* streben wir an, die Ansprüche, die der Mensch an das Pferd stellt, über eine bestmögliche und wohldosierte Aufzucht und Ausbildung so vollkommen wie möglich zu befriedigen. Dazu gehören natürlich auch gute, gesunde Fohlen, die dem späteren Verwendungszweck voll entsprechen. Gäbe es ein Patentrezept: beste Abstammung + beste Aufzucht + Spitzenreiter = Olympiasieg – wie einfach (und wie langweilig!) wäre die »Produktion von Spitzenpferden«. Jahrhundertpferde vom Fließband gibt es aber nicht und wird es hoffentlich auch nie geben. Jedoch sollte man doch gewisse Mindestanforderungen an die Fohlen stellen und kein stark fehlerhaftes, vermutlich ungesundes oder von charakterlich nicht einwandfreien Eltern stammendes Fohlen aufziehen. Aber ein Patentrezept gibt es wenigstens: Das für die beste Aufzucht!

Halten wir uns so nahe wie möglich an die Bedingungen, unter denen das Pferd in Jahrmillionen – ohne die Mithilfe des Menschen! – groß und stark geworden ist, so haben wir die beste Gewähr, nicht allzuviel falsch zu machen. Dies gilt ebenso für die Erziehung und Ausbildung des Pferdes. Bauen wir diese auf der Kenntnis seiner natürlichen Reflexe und sozialen Verhaltensweisen auf, so bleibt die Verständigung weitgehend frei von Mißverständnissen. Die Ausbildung läuft nicht Gefahr, zu einem Dressurakt zu verkommen, bei dem das Pferd stur ihm Unverständliches »auswendig« lernen muß. Nutzt man die Reflexe voll, so reagiert das Pferd auf die feinsten Hilfen wie von selbst, und es kommt zu einem Zusammenspiel der Fähigkeiten von Mensch und Tier.

Nur wenige Pferde können – oder sollen – diese Qualität erreichen. Aber allen sollte man durch bestmögliche und wohldosierte Aufzucht und Ausbildung die Möglichkeit zu Leistungsbereitschaft und Leistungsfähigkeit geben.

Entwicklung

Der gesunde Körper – das Exterieur

Der Mensch hat zwar nur gewissen Einfluß auf die genetische Veranlagung seiner Fohlen. Sogar bei sorgfältigster Zuchtplanung wächst sich das eine oder andere Fohlen als »Zwerg« oder als »Riese« aus – weit entfernt vom gewünschten Rahmen. Aber auf den Verlauf der Entwicklung hat er als »Hüter seines Bruders Pferd« alles entscheidenden Einfluß und trägt damit volle Verantwortung für Länge und Erfolg der ganzen Pferdelaufbahn.

Große Bedeutung hat sicher die Fütterung – ist jedoch beileibe nicht alles, was für die Entwicklung des Lauf- und Herdentieres Pferd nötig und ausschlaggebend ist! Die Grundbedingungen für eine ungestörte körperliche Entwicklung lassen sich eigentlich unschwer zusammenstellen: Bedarfsgerechtes Futter/Licht/Luft/Sonne/ständige freie Bewegungsmöglichkeit – und all das in möglichst natürlicher Herdenumgebung. Sämtliche Ansprüche sind in Jahrmillionen ständiger Selektion auf diese Faktoren entstanden und können nicht ungestraft übergangen werden. Besonders

Dieses zukünftige Vielseitigkeitspferd erhält auch im Winter ausreichend Licht, Luft und freie Bewegungsmöglichkeit.

Das drei Tage alte Haflingerfohlen hält seine betagte Mutter ordentlich in Trab. Bei solchen Aufzuchtbedingungen können sich auch Winterfohlen gut entwickeln.

Zusammensetzung, Gehalt und Qualität des Futters sowie die Herden- und Auslaufhaltung müssen genau den Pferdebedürfnissen angepaßt werden. Erfahrungen mit der Haltung anderer Tierarten sind hier nur bedingt von Nutzen! Die ständige langsame Bewegung ist für den Stoffwechsel ganz besonders der heranwachsenden Pferde durch nichts zu ersetzen. Gute, frische Luft – im Idealfall mit 65% Feuchtigkeitsgehalt –, Licht und Sonne sind nötig, um nicht langfristig die Gesundheit zu untergraben.

Die Entwicklung soll zwar ungestört und ruhig »optimal« verlaufen, jedoch ist auf eine natürliche Spätreife Rücksicht zu nehmen. Frühreife um jeden Preis ist eine Forderung, der ein verantwortungsvoller Pferdehalter nicht – und auf keinen Fall blind – nachkommen sollte.

Wachstumbeeinflussende Faktoren

Wachstumsförderer sind:

☐ Höheres und hochwertigeres Futterangebot.
☐ Anregung der Freßgier durch gleichzeitig fressende Pferde/Anregung des Appetits durch viel Bewegung = vermehrte Futteraufnahme.
☐ Erhöhung der Wachstumsreize auf Gelenke, Knochen, Sehnen, Muskeln = den ganzen Körper durch: Laufen und Spielverhalten, im entsprechenden Alter auch durch leichte Arbeit.
☐ Weitere Wachstumsanreize über den Hormonhaushalt durch Licht, Luft, Sonne – und viel Bewegung.
☐ Wärme fördert ebenfalls die Entwicklung sehr – diese regelrechten Wachstumsschübe werden jedoch im allgemeinen durch reduziertes Wachstum in kälteren Perioden wieder ausgeglichen und umgekehrt.

Wachstumsbremsen sind:

☐ Bewegungsmangel.
☐ Gesundheitliche Beeinträchtigungen wie Erkrankungen, Verletzungen, Operationen, Stoffwechselstörungen, Mangelerscheinungen direkter oder indirekter Ursache (z. B. Wurmbefall).
☐ Plötzliche Futterumstellung.
☐ Zu frühes Absetzen (besonders, wenn zu wenig hochverdauliches Eiweiß gefüttert wird).
☐ Frühträchtigkeit.
☐ Zu frühe Arbeit und zuviel Arbeit oder zu schwere Arbeit.
☐ Zu große Nervenbelastungen.
☐ Mangelnde Lebensfreude – etwa als Einzelpferd oder als schikaniertes »Herdenschlußlicht«.
☐ Große und längerandauernde Kälte – bei gesunder Haltung und Fütterung wird jedoch das Wachstum mit Sicherheit in wärmeren Perioden wieder nachgeholt.
☐ Schlechtes Wetter – bei Nässe und Wind drohen durch Energieverlust auch Erkrankungen (regelmäßig zufüttern, Windschutz bieten!).

Körperliche Reife

Reife und Lebenserwartung

Die verschiedenen Hauspferde- und -ponyrassen unterscheiden sich zum Teil erheblich in ihrer Lebenserwartung und brauchen auch unterschiedlich lange, um heranzureifen. Jedoch sind auch die individuellen Unterschiede – besonders in nicht konsolidierten Rassen – enorm groß. Rekordhalter sind sicher die Shetties mit bis zu 50 Jahren Lebenserwartung. Doch hört man gelegentlich auch von einem unverwüstlichen Warmblut, das mit fast 40 Jahren auf dem Buckel noch zu Streichen aufgelegt ist. Dennoch sind Warmblutstuten mit 18 Jahren oft schon keine »Bank« mehr für ein neues Fohlen. Lassen Sie hingegen eine 28jährige, zahnlose Haflingerin mit einem acht Monate alten Hengstchen auf die Weide, so dürfen Sie sich nicht wundern, wenn sie Ihnen nach elf Monaten wieder taufrisch und blühend ein Kleines präsentiert! Sie war halt doch noch nicht so ganz jenseits von Gut und Böse, wie Sie annahmen – und dem Möchtegern-Hengst haben Sie auch unrecht getan! Einem Wiener-Reitschul-Lipizzaner sagt man nach, er würde mit 20 Jahren erst gescheit – im gleichen Alter ist der Kaltblüter längst zur Salami geworden, und selbst die ist schon ganz eingetrocknet. Grob kann man die Hauspferde in drei »Reifegruppen« einteilen:

□ von Natur aus frühreife: Kaltblut
□ normale Reife: Warmblut und Vollblut
□ spätreife: Ponys und Araber

Generell als spätreif werden in Deutschland Isländer und Araber anerkannt (Ablegung der Hengstleistungsprüfung ein bis zwei Jahre später möglich). Traditionell spät – und behutsam – wird der Lipizzaner angelernt.

Historische Entwicklung von der Spät- zur Frühnutzung

Zu Kaiser Wilhelms Zeiten war die Remonte, das heißt das zukünftige Reitpferd, vier bis viereinhalb Jahre alt, wenn sie noch »roh« und von der Weide weg gemustert wurde. Betrachtet man Fotos aus der damaligen Zeit, so sieht man quadratische, hochbeinige Pferde mit hohen Araber- und Vollblutanteilen, sehr feinem Hals und wenig Kaliber. Mit der zunehmenden Motorisierung der Heere wurden keine nennenswerten Mengen an Reitpferden mehr gebraucht. Die schweren Karossiers der alten Warmblutschläge wurden jedoch in beiden Weltkriegen noch für Gespanndienste verwendet. Auch die Landwirtschaft benötigte sie bis in die Wiederaufbauzeit der 50er Jahre hinein, dazu Kaltblut und schwere, kaltblütige Kleinpferde. Diese Brummer hatten alle eine gewisse Frühreife, im leichten Zug konnten sie schon mit zwei bis zweieinhalb Jahren, im schweren Zug mit drei Jahren Dienst tun. Geritten wurde in all diesen schweren Jahren wenig, und wenn, dann mit hochtrainierten Arbeitspferden, denen die zusätzliche gelegentliche Belastung wenig ausmachte.

Mit dem Zusammenbruch der Pferdezucht in den 50er Jahren kam dann die große Umstellung auf das Reitpferd mit deutlichem Blutanteil. Die einzige Zuchtstätte, die in den Jahrzehnten davor noch Erfahrung mit der Aufzucht und Ausbildung leichter Pferde in großem Maßstab hatte, gab es nicht mehr (Trakehnen). Landwirtschaftsbeamte und bäuerliche Züchter übertrugen die Erfahrung, die sie hatten – nämlich die mit dem frühreifen, schweren Wirtschaftstyp – ohne wesentliche Zugeständnisse auf den spätreifen, leichten Reittyp. Gleichzeitig wurde der wirtschaftliche Zwang zu rationeller Aufzucht und schnellem Verkauf der fertigen Produkte immer größer. Weideflächen – die Grundlage der Pferdeaufzucht – wurden umgebrochen und für die intensive Landwirtschaft genutzt. Konzentriertes Futter und guter »Fleischansatz« durch Bewegungsmangel läßt die Fohlen jedoch vor der Zeit »fertig« erscheinen. Ohne jedes schlechte Gewissen verlangt der Staat als oberster Züchter von einem noch nicht dreijährigen Pferd oder Pony eine abgeschlossene Entwicklung und hält es ein Jahr später für voll belastbar. Hiermit werden dem Fohlen ein Jahr Kinderzeit und zehn Jahre Lebenserwartung (durchschnittliche Lebenserwartung: neun Jahre!!) gestohlen.

In sachgemäßer Hand, unter Auswahl echt frühreifer Linien und bei sorgfältigster Dosierung *kann* es zu einem früheren Abschluß der Entwicklung und einer gemäßigt forcierten Ausbildung kommen, ohne dem Pferd Schaden zuzufügen. Wie schwierig dies jedoch ist, zeigt der Rennsport. Auch beim Vollblut und beim Traber geht der Trend zur extremen Frühreife, doch beginnt man hier bereits in der Zuchtauswahl und nicht erst in der Fütterung. Zudem sind im Normalfall wirklich nur Könner um das junge Pferd bemüht – und dies wird weitaus individueller behandelt, als es bei anderen Pferderassen üblich ist. Dennoch sind nur sehr wenige Zweijährige in der Lage, bei den »Babyrennen« zu starten, und die erfolgreichsten Zweijährigen müssen dann häufig hinter ihren langsamer aufgebauten Stallgenossen zurückstehen, wenn es um die Krone des Rennsports, das dreijährig gelaufene Derby, geht. Eine langjährige, gesunde und erfolgreiche Laufbahn ist von den »Baby-Siegern« selten zu verwirklichen.

Das heutige stolz als frühreif präsentierte Reitpferd ist jedoch nicht seit Jahrhunderten *auf Frühreife selektiert* – es wird vielmehr ausschließlich *auf Frühreife gefüttert!* Und die momentane Auslese auf Frühreife findet zumindest in der Hengstleistungsprüfung unter einem negativen Leistungsaspekt statt. Absolute »Leistungskracher« sind dreijährig oft mit ihrer Geduld am Ende, wehren sich heftig gegen weitere Überforderungen und fliegen hochkant aus der Prüfung. »Tiere von schlaffem Faserbau und schwachen Sehnen geben sich in der Regel willig zu Stellung und Lektion her. Im Dienstgebrauch vermögen diese Pferde hingegen selten durchzuhalten. Dagegen widersetzen sich kräftige Pferde von strammem Muskelbau, starken Sehnen und festen Gelenken häufig Forderungen des Reiters mit Hartnäckigkeit, welche sie vermöge ihrer Eigenschaften zu leisten vollkommen geeignet sind" – Auszug aus

der Militär-Reitlehre zu Zeiten Kaiser Wilhelms!

Freilich, etwas rittiger und angenehmer sind die Pferde seitdem schon geworden – man muß auch Rücksicht auf die Masse der Freizeitreiter nehmen –, aber mit ausschließlicher Selektion auf das angenehme Materialpferd entzieht man der Zucht viel extrem leistungsbetontes Blut.

Das Heranreifen beim Urpferd

Den genetischen Bauplan für sein Heranreifen hat das Hauspferd von seinen Urpferdeahnen geerbt.

Bei den Urponys fand das Absetzen erst kurz vor der Geburt des neuen Fohlens statt – nach dem strengen, futterarmen Winter und zu Zeiten hochwertigen, frischen Futterwuchses. Ein *gleichmäßiges* Wachstum bis zum Alter von zwölf Monaten war also möglich. Freilich kann man annehmen, daß die Fohlen weniger »fett« zur Welt kamen, da die Mutter ja nur sehr kurz trocken stand. Auch die Milchleistung war sicher geringer als bei unseren Zuchtstuten, die sechs Monate auf die Geburt vorbereitet werden und deren Milchleistung durch hochkonzentriertes Futter unterstützt wird. Die Fohlen hatten natürlich auch keinen Fohlenstarter usw. und waren daher mit 18 Monaten nur so weit entwickelt wie »unsere« etwa mit zwölf Monaten.

Bei den Tundrenponys erfolgte das Absetzen im gleichen Alter. Jedoch gab es für sie im Frühjahr nicht jede Menge hochwertiges Futter. Das karge, rohfaserreiche Futter hatte eine sehr niedrige Verdaulichkeit, das frühreife, weitentwickelte Absetzer deutlich besser nutzen konnten. Besonders für die Hengstchen, die aus den kleinen Herden nun vom Althengst erbarmungslos vertrieben wurden, war jetzt Gewicht ein wertvolles Kapital. In den sehr kleinen Gruppen war ihr Leben von dem Speck abhängig, den sie sich als Wärmeschutz vor dem nächsten Winter anfressen konnten, und von der Kraft und Wildheit, mit der sie sich gegen Raubtiere verteidigten. Kaltblütige Tiere zeigen daher noch heute das frühreife Naturell ihres wichtigsten Ahnen, des Tundrenponys. Verschiedene Kaltblutrassen zeigen sogar bei Hengsten weit höhere Zuwachsraten und ein um 20% oder mehr erhöhtes Endgewicht im Vergleich zu den Stuten.

Bei den Ursteppenpferden und bei den Urarabern fohlten die Stuten wegen des Wassermangels meistens nur alle zwei Jahre. Sie säugten dann ihre Fohlen etwa 18 Monate lang, wenn auch mit nur geringen Milchmengen. Ein gleichmäßiges Wachstum, das von der hochwertigen, wenn auch nicht immer üppigen Futtergrundlage gefördert wurde, konnte bei den Ursteppenpferden durch die folgende Regenzeit nochmals verlängert werden.

Die Uraraber wurden hingegen durch oft sehr lang andauernde Trockenzeiten in ihrer Entwicklung sehr gebremst. Nur die trockensten und futterdankbarsten Tiere konnten überhaupt überleben und nach verzögert einsetzender Geschlechtsreife dann zur Fortpflanzung kommen.

Bei den Jungstuten der übrigen drei Urtypen kann man den Eintritt der ersten Rosse mit etwa 24 Monaten ansetzen – in Jahren ungünstiger Witterung vermutlich später. Die Rosse dürfte in Klimazonen mit strengen Wintern nur einmal jährlich aufgetreten sein, eine sofortige Trächtigkeit war sicher der Normalfall.

Domestikationsbedingte Veränderungen

Mit der Umwandlung des Urpferdes zum Hauspferd setzt als typische Domestizierungsfolge die Geschlechtsreife wesentlich früher ein. Durch starke Vermischung der Nordponys mit den Südpferden so-

wie durch fehlende natürliche Gegenauslese können die Stuten nun das ganze Jahr über rossig werden. Zudem bildete sich eine breite Farbpalette aus. Die Natur läßt gewöhnlich nur »schutzfarbene« Tiere überleben. Durch Vermischung und Zucht entstanden zahllose Variationen in Typ, Größe und Kaliber.

Am genetisch festgelegten Wachstumsrhythmus der Fohlen hat sich jedoch nicht viel geändert.

Die strengen Selektionsbedingungen mit starker Abmagerung über den Winter bzw. die Trockenzeit brauchen wir natürlich nicht nachzuvollziehen! Der Mensch hat andere Selektionskriterien als »Lebenskraft« an seine Haustiere gestellt. Dann dürfen wir die Pferde aber auch nicht über die Weidezeit speckfett mästen. Eine möglichst gleichmäßige Zunahme ist anzustreben. In Zeiten erzwungenen Bewegungsmangels muß man das Futterangebot reduzieren und stoffwechselanregend füttern. Nach krankheitsbedingten Wachstumseinbußen darf das Versäumte nicht im D-Zug-Tempo wieder aufgeholt werden.

Im Gegensatz zu den Urwildpferden, die im Extremfall täglich bis zu 100 Kilometern zurücklegen mußten, um genug Wasser und Futter zu bekommen, läuft bei den Hauspferden – auch bei bestmöglicher Haltung – der Stoffwechsel mit Standgas. Und bei Stallpferden gar nur auf drei Zylindern! Futtermengen, die über den unmittelbaren Bedarf hinausgehen, sowie Übergewicht sind daher als Gesundheitsgefährdung anzusehen.

Wachstumsverlauf beim Hauspferdefohlen

Läßt man Fehlentwicklungen durch Gesundheitsstörungen außer Betracht, so sind Fortgang wie Schwankungen im Wachstumsverlauf der Fohlen genetisch oder fütterungsbedingt.

Durchschnittlicher Wachstumsverlauf der Fohlen bei guter, jedoch nicht übertriebener Aufzucht

nach Abschluß von	Gewicht	Widerristhöhe
Geburt	9%	61–64%
2. Monat	25%	70–74%
6. Monat	43%	83–86%
12. Monat	60%	91–93%
18. Monat	73%	94–96%
24. Monat	82%	96–98%
36. Monat	92%	97–99%

(in % des mit 5 bis 7 Jahren erreichten Endgewichts bzw. der Endgröße)

Abweichend vom Durchschnitt dieser Tabelle haben Kleinpferde- und Kaltblutfohlen vom sechsten bis zwölften Monat einen um 10 bis 20% höheren Zuwachs. Dann läßt ihre stürmische Entwicklung sehr rasch nach. Im Gegensatz dazu starten großrahmige, edle Rassen langsamer. Dies gleichen sie nach dem zwölften Monat durch ein weitgehend ungebremstes Wachstum wieder aus. Diese Abweichungen vom statistischen Durchschnitt sind genetisch bedingt und daher unterschiedlich – je nach Abstammung der Rasse wie des einzelnen Tiers. Das Gleichgewicht stellt sich, ebenfalls genetisch bedingt, bis zum 24. Monat wieder ein.

Größere Abweichungen vom statistischen Durchschnitt nach diesem Zeitpunkt haben ihre Ursache dann entweder in einer gestörten Entwicklung (z. B. Erkrankung) oder aber in übertriebener Aufzucht. Dieses unterschiedliche genetische Wachstumsschema ist von den Urpferdetypen her überkommen – genau wie die dazu passende langandauernde hohe Milchleistung der Pony- und Kaltblutstuten. Die Fütterung muß sich diesem Rhythmus entsprechend anpassen. Werden die Fohlen jedoch übermäßig gefüttert – das heißt periodenweise oder gar ständig über den Bedarf hinaus – so erreichen sie zwar eher Endgröße, Zuchtreife sowie Masse, müssen dies jedoch mit reduzierter Lebenserwartung und mangelnder Härte bezahlen. Bei etwas knapperer, unterdurchschnittlicher – jedoch nicht mangelhafter! – Aufzucht ist mit etwas langsamerer Entwicklung, jedoch durchaus positiven Auswirkungen auf die Gesundheit und besonders auf den Skelettaufbau zu rechnen. Die Arbeitsnutzung muß dann jedoch um etwa ein Jahr hinausgeschoben werden. Eine geringere Endgröße ist nicht zu befürchten, sie wird jedoch deutlich später erreicht. So hört man immer wieder von Pferden, die nach dem 30. Monat noch sechs bis sieben Zentimeter gewachsen sind. In dieser Zeit ist von den »Spätentwicklern« auch leistungsmäßig nicht viel zu erwarten. Geht jedoch nach Abschluß des Wachstums »der Knoten auf«, so geht die Entwicklung Richtung Spitze in der Regel rasch und komplikationslos vor sich. Diese Pferde zeichnen sich durch Frische und Gesundheit bis ins hohe Leistungsalter aus.

Reifestufen als Eckpfeiler von Aufzucht und Ausbildung

Im Laufe der Entwicklung vom Fohlen zum Pferd kann man verschiedene Reifestufen als Eckpfeiler für Aufzucht, Ausbildung sowie Nutzung betrachten.

Die Absetzreife

tritt, was das Verdauungssystem betrifft, mit etwa acht Monaten ein. Durch Versorgung mit hochwertigem Eiweiß und entsprechender, parallel rechtzeitig beginnender Anfütterung kann man sie ohne Probleme auf fünf bis sechs Monate, bei Milchmangel der Stute unter Einsatz speziell entwickelter Futtermittel auch auf ein noch früheres Alter vorverschieben. Längere Säugezeiten sind nur bei Winteroffenstallhaltung zu empfehlen. Liegen hierbei die Abfohlungen im Juni/Juli, so können auch tragende Stuten unschwer ihre Fohlen – die nun schon fast so hoch sind wie ihre Mütter! – bis zum Einsetzen des Weidegrases mit etwas zusätzlichem hochwertigen Eiweiß und »einem wärmenden Schluck« versorgen.

Läßt man die Fohlen auch im zweiten Lebensjahr oder gar noch länger saugen, so droht die Gefahr der Nährstoff-Überversorgung. Auch die Verdauungsorgane, vor allem der beim Pferd so eminent wichtige Darm, entwickeln sich mangelhaft. Wird dann das eineinhalbjährige Fohlen im Herbst von der Mutter getrennt und muß sich statt von konzentrierter Nahrung plötzlich von Stroh und Heu ernähren, kommt es zu schweren Passagestörungen im Darm. Koliken, mangelhafte Futterausnutzung usw. führen dann nahezu zu einem Entwicklungsstillstand. Füttert man das »Prachtkind«, um dem vorzubeugen, jedoch mit besten konzentrierten Futtermitteln weiter, so droht die Gefahr der Überfütterung. Überdies werden diese »Prachtkinder« gerne runder, abgedrehter und kleiner als der Durchschnitt. Parallelen zeigen sich in zu mastiger Jugendentwicklung beim Zuchtvieh durch ungenügenden Rahmen und tonnige Rippenwölbung sowie unzureichende Zuchtleistung und Lebensdauer. Diesem Vieh streitet man nach »Jugendschnellmast« generell die Zuchtfähigkeit ab!

Die Geschlechtsreife

tritt bei üppig gefütterten Pony- und Kaltblutstutfohlen gelegentlich bereits im Spätherbst des ersten Lebensjahres ein. Ponyhengstchen reagieren bereits im Alter von drei Monaten auf rossige Stuten – es kommt, besonders bei Tieren mit kaltblütigen Komponenten, auch schon zu gezielten Begattungsversuchen. Mit einem halben Jahr ist dann der eine oder andere bereits befruchtungsfähig. Das plötzliche starke Wachstum der Hoden ist ein eindeutiges Alarmsignal, die Stuten in Sicherheit zu bringen! Normalerweise muß – bei allen Rassen! – im Februar des zweiten Jahres mit den entsprechenden »geschlechtlichen Komplikationen« gerechnet werden. Araber und Araberkreuzungen scheinen später als die anderen Hauspferde und -ponys geschlechtsreif zu werden. Zumindest erwacht ihr Interesse für das andere Geschlecht wesentlich später.

Geschlechtsreife heißt beim Hengst jedoch noch nicht in jedem Fall, daß er auch automatisch in der Lage ist, seinen »Pflichten« nachzukommen. Hier spielt wahrscheinlich immer noch der Selektionsprozeß der Jahrmillionen als Herdentier eine Rolle. Der eine oder andere Hengst ist einfach noch zu schüchtern, vor allem ranghohen älteren Stuten gegenüber, um sich »zuständig« fühlen zu können.

Die Kastrationsreife

Vom medizinischen Standpunkt aus gesehen gelingt die Kastration bei Tieren aller Altersstufen. Technisch alles kein Problem! Das kleine Hengstchen sollte jedoch schon ein gewisses Selbstbewußtsein besitzen. Auch werden Tiere, die vor Erlangung der vollen Geschlechtsreife gelegt werden, muskelärmer und hochbeiniger. Hengste, die sich vor der Kastration noch voll entwickeln können, werden folglich untersetzter, muskulöser und »herrischer«. Der üppige, hoch aufgesetzte Hengsthals entwickelt sich zwar innerhalb eines Jahres zurück, die Hengstmanieren sind aber nicht in jedem Fall »wegzukastrieren«. Hengste, die bereits über längere Zeit hinweg in vollem Deckeinsatz standen, müssen unbedingt außerhalb der Decksaison kastriert werden, ältere Hengste evtl. noch eine Zeitlang mit Hormongaben behandelt werden, um schweren Stoffwechselstörungen vorzubeugen. Ein einmaliger »Sprung über den Zaun« ist in diesem Zusammenhang jedoch bedeutungslos. Als günstigstes Kastrationsalter kann man zwei bis zweieinhalb Jahre annehmen. Bei Haltungsproblemen kann man jedoch auch gut schon mit zwölf Monaten kastrieren. Gibt es keine Haltungs- und Charakterprobleme und ist gesichert, daß der Hengst in einer Hengstherde verbleiben kann bzw. regelmäßig soviel gearbeitet wird, daß er nicht auf dumme Gedanken kommt und dann frustriert ist, kann er gut auch noch dreijährig oder gar für immer Hengst bleiben.

Die Zuchtreife

Bei gesunder, ungestörter Entwicklung ist heute jede Stute, gleich welcher Rasse, mit zwei bis zweieinhalb Jahren reif genug für eine erste Belegung. Der Engländer sagt: »Mit zwei Jahren zum Hengst – mit drei Jahren samt Fohlen auf die Weide – mit vier Jahren unter den Sattel.« Ich schließe mich dieser Ansicht an! Viele Zuchtverbände stellen jedoch für Fohlen aus der Belegung zweijähriger Stuten keine Abstammungsnachweise aus – zumindest wird damit gedroht, falls die Belegung ohne vorherige Genehmigung stattfindet. Die Genehmigung wird üblicherweise erteilt, wenn die Stute aus dem Rahmen herauszuwachsen droht – jedoch ist die Wirksamkeit dieser »Wachstumsbremse« sehr umstritten.

Der Grund, warum generell die Belegung zweijähriger Stuten unerwünscht ist, dürfte wohl die Fohlenschwemme sein. Eine Schädigung der Stute ist nicht zu erwarten. Hingegen kann eine regelrechte Frühträchtigkeit – beim Jährling oder gar beim Fohlen – durchaus zu Wachstumsstörungen mit anschließender Disharmonie des Gebäudes bzw. Kleinwüchsigkeit führen und ist daher strikt zu vermeiden. Ist das Malheur dennoch passiert, so sind viele Tierärzte jedoch der Ansicht, ein erzwungener Abbruch der Trächtigkeit stelle eine noch größere Gesundheitsgefährdung dar. Strikte Trennung der potentiell geschlechtsreifen Fohlen ist also mehr als angebracht!

Die Zuchtreife beim (Deck-)Hengst gilt generell beim dreijährigen Hengst als erreicht. Jedoch ist die Zahl der Sprünge in der ersten Saison stark zu limitieren – »ein- bis maximal zweimal am Tag« ist mehr als genug. Auch ist die Saison – was die nötige Hengstleistungsprüfung ja meist erzwingt – früh zu beenden. Seine volle Befruchtungsfähigkeit erreicht der Hengst erst mit Erreichen der Volljährigkeit, also mit etwa sechs Jahren.

Die Longenreife

ist das Alter, in dem man dem Fohlen die erste »unnatürliche« Bewegungsbelastung zumuten kann, ohne gesundheitliche Störungen, besonders an den Beinen, zu riskieren. Einseitige Belastung, wie z. B. Longieren, erfordert ein weitgehend abgeschlossenes Längenwachstum der Röhrenknochen (kenntlich an der lange Zeit so populären »geschlossenen oberen Epiphysenfuge«) sowie eine ausgesprochen sorgfältige Hufpflege, federnden Boden und ein gutes Auge für die Dosierung der Belastung. Allgemein wird man das Erreichen dieses Stadiums mit etwa zweieinhalb Jahren erwarten können. Bei Kaltblutpferden so-

wie Rennpferden wird es bereits mit ein-
einhalb Jahren angestrebt – wobei beide
jedoch im Normalfall nicht longiert werden. Das junge Kaltblut soll helfen,
Schwachholz aus dem Wald zu ziehen –
wobei es im allgemeinen kaum überfor-
dert ist. Schwerer Zug ist jedoch noch zu
vermeiden. Das Vollblut kommt in den
Trainingsstall und wird gleich – wenn
auch von »Fliegengewichtlern« – angeritten. Trotz schonendsten Aufbaus ver-
kraftet nur ein geringer Prozentsatz dieser auf Frühreife selektierten und gefütterten wandelnden Geldschränke das
Training und die Einsätze als Zweijährige.
Der Besitzer steht dann oft mit leerem
Geldbeutel da. Sogar, wenn sein Zweijähriger »das große Geld« einläuft, gibt
es meist ein Jahr später die ebenso
große Pleite – der Derbysieger ist selten
der »Winterfavorit« vom letzten Jahr. Das
Trabrennpferd kommt bei entsprechender Entwicklung ebenfalls in diesem Alter
zum Einbrechen. In Deutschland wird,
um mit diesen Baby-Rennern wenigstens
den Hauch einer Chance zu haben, auf
die kleinwüchsigen, frühreifen »Amerika-
ner« gesetzt. Die Franzosen sind da wesentlich gemütlicher: Sie züchten in aller
Ruhe großrahmige und spätreife Tiere,
lassen sie vier- und fünfjährig ein paarmal
als Satteltraber starten – und als Sieben-
jährige bekommen diese Pferde dann
plötzlich »das große Laufen« und kassie-
ren Jahr um Jahr bis zu einem biblischen
Alter auf allen Plätzen Europas das Geld
ab.

Die Einspannreife

erreichen sämtliche Pferde- und Pony-
rassen mit zweieinhalb bis drei Jahren.
Der niedrigere Wert gilt für das Beispannen, leichten Zug und gute Bodenver-
hältnisse. Der höhere Wert gilt für die
Reife als Einspänner (die mehr im Interieur, also in der geistigen Reife zu suchen ist) und etwas schwierigere Boden-

verhältnisse mit evtl. nötigem Beschlag.
Nach weiteren drei bis sechs Monaten,
die dem körperlichen Training und der
wachsenden Geschicklichkeit dienen
sollen, kann auch schwerer Zug bzw. höheres Tempo verlangt werden, und die
Gänge können in ihren verschiedenen
Tempi gelehrt werden.

Die Remontenreife

wird bei den meisten Rassen nach stö-
rungsfrei verlaufender Entwicklung mit
etwa dreieinhalb Jahren erreicht. Isländer, Araber sowie alle Fohlen mit gestör-
ter Entwicklung soll man erst viereinhalb-
jährig unter den Sattel nehmen. Wenn
kein wirtschaftlicher Zwang herrscht,
sollte man die Arbeit unter dem Sattel
generell erst vierjährig beginnen: Die Arbeitsfreude und der Lerneifer, das soge-
nannte »sich Anbieten« der Vierjährigen
wird Ihnen das Anreiten dann zum Vergnügen machen. Bei überschäumender
Lebenskraft ist Longieren, Fahren oder
sonstige Arbeit, die den Rücken frei läßt,
auf jeden Fall auch für die dreijährigen
Pferde wünschenswert.
Das Remontenstadium dauert bei regel-
mäßiger Arbeit ca. sechs bis zwölf Monate. In dieser Zeit gilt der alte Reiter-
spruch: »Reite dein Pferd vorwärts und
richte es gerade!« in ganz besonderem
Maße. Besonderes Augenmerk ist dem
frei schwingenden Rücken zu widmen –
die Dehnungshaltung mit ihrem »vorwärts-abwärts« ist wichtiger als alles andere. »An-den-Zügel-stellen« und »Aufrichten« muß ganz allein vom Pferd her
kommen – die noch nicht voll bemuskelte
und gefestigte Wirbelsäule kann einfach
nicht anders! Leichtes Gymnastikspringen soll nach einigen Wochen, evtl. Monaten hinzukommen, um die Rückenmuskulatur aufzubauen. Erst der voll bemuskelte Rücken ermöglicht dann das
betonte Einsitzen und damit dressurmä-
ßige Arbeit. Mit einer gewissen Dressur-

grundlage kann dann erst an's Parcoursspringen oder kleinere Jagden gedacht werden.

Die Vollreife

erreicht das Pferd nicht, bevor es sieben Jahre alt ist, bei dem einen oder anderen Pferd sowie für den einen oder anderen Zweck muß man gar zehn Jahre veranschlagen. Ein vollreifes Pferd hat seine körperliche und geistige Entwicklung voll abgeschlossen und muß, um die Bezeichnung zu verdienen, auch reich an Erfahrung sein. Erst dann kann man ein Pferd wirklich mit Fug und Recht nicht nur als volljährig, sondern auch als vollreif bezeichnen. Eher ist eine volle Belastung mit schwersten Anforderungen (große Jagden oder gar Springen der schweren Klasse, große Vielseitigkeiten) nicht zu verantworten und wird über längeren Zeitraum hinweg auch nicht ohne körperliche Dauerschäden möglich sein.

Haltung und Fütterung

Haltung und Fütterung – untrennbar miteinander verbunden

Zur Aufrechterhaltung eines gesunden Stoffwechsels ist das Pferd auf ständige langsame Bewegung angewiesen. Als Mindeststrecke sind hierbei täglich sechs Kilometer, zurückgelegt in langsamer Bewegung (wie beim Grasen – also im Schritt), anzunehmen. Erhält ein Pferd diese Mindestbewegung nicht, so ist es bereits als potentiell krank einzustufen. Es müßte eigentlich – wie jedes voll ruhiggestellte oder kranke Pferd – bereits diätisch gefüttert werden. Das hieße, ausschließlich mit Magerheu, Rüben, Leinsamen, Hefe und Mineralstoff- und Vitaminergänzung. Auf keinen Fall darf es aber gar noch auf Zuwachs gefüttert werden!

Der nötige Zuwachs muß dem in der Entwicklung stehenden Tier über eine gesundheitlich volle Belastbarkeit erst gesundheits- und entwicklungsunschädlich ermöglicht werden. Eine Gewichtszunahme ist also auf Zeiten voller oder zumindest ausreichender Bewegungsmöglichkeit zu beschränken. Die ideale Kombination Haltung/Fütterung stellt demnach der Weidegang dar. Im Winter ist über die Laufstallhaltung, kombiniert mit möglichst uneingeschränktem, jedoch zumindest mehrstündigem Auslauf, die Möglichkeit zu weiterem gleichmäßigem Zuwachs zu geben. Extreme Winterkälte führt bei dieser Haltung zu einem erhöhten Wärmeverlust – genau wie schlechtes Wetter (hier vor allem Nässe in Kombination mit Wind) während der Weideperiode. Der entstehende Wärmeverlust muß durch einen entsprechenden Zuschlag an hochenergetischen Futtermitteln (z. B. täglich 1–3 kg Hafer) ausgeglichen werden. Unterläßt man dies, lassen die Abwehrkräfte rapide nach.

Der Futterbedarf des Pferdes setzt sich zusammen aus:

1. Dem Erhaltungsbedarf
   Dieser ist, wie wir gesehen haben, unter unterschiedlichen Haltungsbedingungen unterschiedlich groß, hängt überwiegend jedoch von der zu erhaltenden Körpermasse ab.
2. Dem Leistungsbedarf
   Zuschläge sind für jede Art von Leistung erforderlich: Wachstum, Trächtigkeit, Laktation, Bewegungs- und Arbeitsleistung.

Führt man dem Pferd über diesen Gesamtbedarf hinausgehende Mengen zu, so schadet diese Überversorgung der Gesundheit, führt zu herabgesetzter Belastbarkeit – und, vor allem bei eingeschränkter Bewegungsmöglichkeit, zu Stoffwechselerkrankungen. Überversorgung über einen längeren Zeitraum hin-

Die weitläufigen, gepflegten Weiden decken den Bedarf dieser laktierenden Stuten nicht ganz. Deshalb wird – für jede Stute im eigenen Trog – beigefüttert.

weg führt auch bei »ausreichend« Bewegungsmöglichkeit zu Folge- und Dauerschäden. Aber auch jede einseitige und dadurch mangelhafte Fütterung führt über kurz oder lang zu schweren Gesundheitsschäden und möglicherweise ebenfalls zu geringerer Belastbarkeit im

späteren Pferdeleben – genau wie »zu gute« Fütterung. Auf bedarfsdeckende Fütterung, angepaßt an die Haltungssituation, ist deshalb zu achten. Im Zweifel ist eine etwas knappe, jedoch ausgewogene und vielseitige Fütterung jeder »zu guten« vorzuziehen.

Die Weide – Haltung und Fütterung ideal kombiniert

Pferde sollten eigentlich – ihrem genetischen Bauplan entsprechend – 365 Tage im Jahr frei herumstreifen und sich ihr Futter selbst suchen können. Dann gäbe es keine Stoffwechselerkrankungen, keine Mangelerscheinungen, keine schlechten Hufe, keine schwachen Beine, kein schlechtes Temperament. Dies geht nun in der Kulturlandschaft leider nicht. Wir müssen ihnen deshalb möglichst große, nicht übermäßig gedüngte Flächen einzäunen und zusätzlich wenigstens für frisches Wasser und eine »Minerallecke« sorgen. So kurz wie möglich sind die Fohlen über den Winter aufzustallen (hauptsächlich, um die überbelasteten Koppel zu schonen) und auch entsprechend – mit entsprechend vielen, kleinen Teilmengen! – zu füttern.

Junge Pferde müssen so viel und so lange es nur eben geht auf guten, parasitenfreien oder zumindest parasitenarmen Weiden gehalten werden. Gut heißt nicht, mit viel Masse und Ertrag – erzielt durch einseitigen Grasbestand und überreichliche (Stickstoff-) Düngung. Gut heißt 70% Gräseranteil – soviele Sorten, wie der Standort nur zuläßt. Dazu 15% Leguminosen (= Kleeartige) und 15% Kräuter aller Arten. Das Futter soll langsam gewachsen sein, damit die Pflanzen Zeit genug hatten, dem Boden möglichst große Mengen an Mineralstoffen und Spurenelementen zu entziehen und einzulagern. Gut wären Weiden, die vielfältige Standorte (vom Feuchtbiotop bis zum Trockenbiotop) gleichzeitig anbieten würden. Dies wird jedoch in den seltensten Fällen zu ermöglichen sein. Jedoch haben viele Betriebe trockene, kalkreiche oder wenigstens sandige Koppeln, die in regnerischen Perioden bestoßen, sowie feuchtere Wiesen, die in trockneren Abschnitten zur Beweidung freigegeben

werden können. Die natürliche Salzlecke – die Mineralschale – wandert natürlich immer mit!

Die freie Weidehaltung muß jedoch – entsprechend den natürlichen, genetisch bedingten Wachstumskurven der jungen Pferde – entsprechend gemanagt werden.

Fohlen im ersten Herbst

Früh abgesetzte Fohlen haben in ihrem ersten Herbst konzentriertes Futter mit entsprechend viel hochverdaulichem Eiweiß nötig. Diesen Bedarf kann die Herbstweide nicht decken. Die Absetzer sind entsprechend beizufüttern und überdies bei feuchtkaltem, windigem Wetter in den Stall zu bringen, da sie nach dem Absetzen wenig Widerstandskraft besitzen. Noch nicht abgesetzte Fohlen können dagegen unbesorgt mit ihren Müttern draußen bleiben: Sie sind durch die warme Milch fein heraus! Das Beifutter richtet sich nach dem Bedarf der Mütter, die Fohlen werden munter mitfressen und quietschfidel sein.

Jährlinge auf der Sommerweide

Der Übergang vom Winterfutter zur Ganztagsweide muß sich jeweils über ca. eine Woche hinziehen: Entweder durch täglich etwas längere Weidezeiten nach vorheriger Heugabe im Stall bzw. bei gutem Wetter im Auslauf. Die Kraftfuttergaben sind gleitend zu reduzieren und zur Vermeidung von Verdauungsstörungen (besonders Tympanien) erst nach der Weide zu verabreichen. Oder – einfacher – durch langsame Steigerung der Grünfuttergaben im Stall oder Auslauf und Weideaustrieb nach erfolgter Futterumstellung.

Für Jährlinge besteht durch die hohen Zuwachsraten normalerweise noch keine Gefahr von Überfütterung auf den guten Weiden. Auf kargen, besonders auf überweideten Koppeln muß mit nachlassen-

Durch langsame Steigerung der Grünfuttergaben (hier an einem befahrbaren Futtertisch) können die Pferde auf das uneingeschränkte Futterangebot der Sommerweide vorbereitet werden.

der Weideleistung sowie im Herbst sogar zugefüttert werden. Die Beifütterung muß rechtzeitig beginnen, bevor die ewig hungrigen Jährlinge die Geilstellen verbeißen und zuviele Wurmlarven aufnehmen. Geeignet zur Beifütterung sind energiereiche Futtermittel (z. B. Ganzpflanzenmais, Maiscobs, Hafer, Rüben, gutes Futterstroh). Mit immer stärker nachlassender Weideleistung wird auch Heu vorgelegt und schließlich übergegangen zu den normalen Winterfutter-Rationen.

Rennpferdejährlinge, die im Herbst ins Training sollen, können die dafür nötige Reife nur durch intensive Aufzucht erbringen. Sie sind täglich zweimal in den Stall zu führen und dort einzeln mit Hafer und guten Ergänzungsfuttermitteln fit – aber nicht fett – zu füttern. Während der Übergangszeiten bleiben sie üblicherweise nachts im Stall. Dies reduziert jedoch das »Höchstmaß langsamer Bewegung«. An heißen Sommertagen sind die Rennpferdejährlinge jedoch nachts draußen zu lassen und mittags aufzustallen.

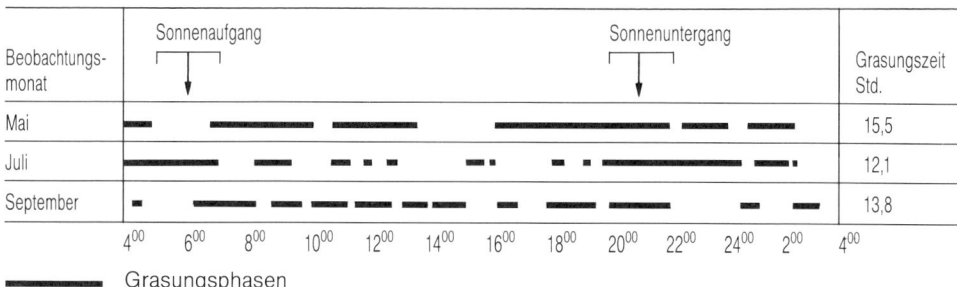

Diese Koppel ist ein Paradies für Pferde. Bietet die Koppel jedoch keinen Schatten, so sollten an Hundstagen die Pferde mittags im Stall und nachts auf der Weide stehen.

Die Hundstage

Zu heißes, vor allem schwüles Wetter, möglichst noch »ohne einen Lufthauch«, reduziert Gehlust und Futteraufnahme. Stechinsekten können den Pferden das Leben zur Qual machen. Nicht nur die Rennpferdejährlinge, sondern auch Mutterstuten und Fohlen, Remonten... alle Pferde werden es Ihnen danken, wenn sie die lauen Nächte auf der Weide, die brütend heißen Mittagsstunden aber im Schatten verbringen dürfen! Wie sich die Hundstage auf die Nahrungsaufnahme bei Weidepferden auswirken, zeigt nachfolgende Tabelle.

Beobachtungs-monat	Sonnenaufgang	Sonnenuntergang	Grasungszeit Std.
Mai			15,5
Juli			12,1
September			13,8

4⁰⁰ 6⁰⁰ 8⁰⁰ 10⁰⁰ 12⁰⁰ 14⁰⁰ 16⁰⁰ 18⁰⁰ 20⁰⁰ 22⁰⁰ 24⁰⁰ 2⁰⁰ 4⁰⁰

▬▬▬ Grasungsphasen

Rhythmus der Nahrungsaufnahme bei Weidepferden (nach KRULL, 1984)

Bei Nachkommen des guten Futterverwerters »Urpony« sorgen Auslauf (Futterstroh dient der Beschäftigung und dem Energieausgleich) sowie die Wechselbeweidung mit Wiederkäuern neben mehrstündiger, freier Selektionsmöglichkeit für das bedarfsgerechte Nahrungsangebot.

Zweijährige auf der Sommerweide

Zweijährige können bereits so gut entwickelt sein, daß gute Weiden von Wiederkäuern vorgenutzt werden sollten. Besonders bei dem frühreifen Kaltblut, aber auch bei Nachkommen des guten Futterverwerters »Urpony« muß in dieser Weideperiode schon oftmals ein unbewachsener Auslauf »zum Fasten« mit der Weide kombiniert werden. Sonst müssen Sie diese Tierchen im Herbst zum Stall rollen! Freie Selektionsmöglichkeit auf der Weide (wenn auch eben auf vier bis sechs Stunden reduziert bei den besten Weiden), muß in diesem Alter zur nötigen Ausreifung des Skeletts jedoch noch unbedingt geboten werden. Im Auslauf soll zur Beschäftigung gutes Futterstroh vorgelegt werden. Um das Interesse der jungen Pferde wachzuhalten und sie zu möglichst viel Bewegung zu animieren, sollen die Ausläufe in Hofnähe und in Straßennähe liegen. So können die Zweijährigen viel sehen, haben viel Kontakt und gewöhnen sich nebenbei ganz von selbst an die »Motorisierung«.

Zweijährige Hengstanwärter

Zweijährige Zuchthengstanwärter sind bereits ab Weideauftrieb mit Hafer beizufüttern, täglich an der Hand ein bis anderthalb Stunden zu arbeiten (Muskelansatz!) und ab etwa Mitte August zur Erhaltung des seidigen, kurzen Sommerhaars nachts aufzustallen. Leinsamengaben erhöhen den Fellglanz. Durchdachte Fütterung, rechtzeitige Pflege auch des Langhaares und der Hufe (zweimal beschlagen, zehn bis acht und vier bis zwei Wochen vor der Körung, evtl. vorsichtige Korrektur der Stellung, jedoch ohne den Gang wegzukorrigieren) sind nötig. Es

31

hat nur Sinn, der Kommission einen »reifen Beschäler« – mit plastischer Muskulatur, breiter tiefer Brust, spritzigem, selbstbewußtem Temperament, gewölbtem Hengsthals – mit einem Wort »mit viel Hengstausdruck« vorzustellen. Und das im Alter von zweieinhalb Jahren!

Um mit diesem intensiven Programm dem zukünftigen Deckhengst – oder auch Wallach! – nicht zu sehr zu schaden, war es jedoch unbedingt nötig, ihn bis zum Beginn dieser Weideperiode nicht mehr als höchstens »gemäßigt intensiv« zu füttern und ihm reichlichst Bewegung zu verschaffen, damit er ein belastbares Fundament und beste Gesundheit mitbringen konnte.

Spät (nach Mai/Juni) geborene Junghengste sind – außer bei Kaltblutrassen – normalerweise nicht mehr für eine Oktoberkörung »reif« zu kriegen. Da die Kommission bei unfertigen Junghengsten *günstigstenfalls* das Urteil »vorläufig nicht gekört« fällt, sollte man diese Hengste erst dreijährig nach erfolgreicher Ablegung der Hengstleistungsprüfung vorstellen. Eine bestandene HLP ist zwar keine Garantie für die Ankörung, jedoch ohne wird ein Hengst, der älter ist als der allgemeine Körjahrgang, normalerweise gar nicht mehr angekört.

Zweijährige Zuchtjungstuten

Einem etwas weniger intensiven Programm sind auch zweijährige Stuten, die auf eine Zuchtschau sollen, zu unterwerfen.

Sind die Stuten jedoch sehr klein oder besonders spätreif im Rahmen ihrer Rasse oder deren Zuchtziel, so sollte man sie lieber ungestört weiter wachsen lassen und nicht auf eine Schau bringen. Auch bei bester Qualität wird eine solche Stute nur eine schlechte Beurteilung erhalten, und die wird ihr möglicherweise noch bei der späteren Zuchtbuchaufnahme angekreidet.

Dreijährige im Sommer

Die Dreijährigen werden meist schon etwas gearbeitet (z. B. longiert oder gefahren). Die Kraftfuttergabe richtet sich nach der Arbeitsleistung, die Zahl der Stunden mit freier Weide nach der körperlichen Verfassung der Tiere. Überbelastung – körperlicher wie nervlicher Art – läßt die jungen Pferde schnell herunterkommen. Vorbeuge und Abhilfe bringt wieder mehrwöchiger bzw. mehrmonatiger »Urlaub« in der Herde bei 24-Stunden-Weidehaltung. Die zeitweise eingeschränkte Weidehaltung ist bei diesen Dreijährigen wie bei allen jungen Pferden mit der Auslaufhaltung, nicht mit »Boxenwand-Anstarren« zu verbinden! Auch ältere Pferde, ja sogar »Super-Sportcracks«, sind erfolgreich so zu halten. Zu bedenken ist jedoch, daß das völlige »Wegstellen« auf die Weide mit entsprechendem Ab- und wieder Antrainieren sowie zweimaliger, langsamer Futterumstellung verbunden werden muß. Stark beanspruchte Pferde müssen auf die Weide keineswegs verzichten, jedoch bei großer Hitze tagsüber in den Schatten gebracht werden – damit der Nerv erhalten bleibt – und mit energiereichen Futtermitteln entsprechend beigefüttert werden.

Bedarfsdeckende Fütterung während der Aufstallung

Die Fohlen können sich außerhalb der Weidezeit das Futter nicht ihren Bedürfnissen nach frei zusammenstellen. Sie müssen fressen, was man ihnen vorlegt. Starke Mangelerscheinungen fallen z. B. durch Lecksucht oder Holzbeißen, auch durch Verbeißen des Langhaars auf. Leichtere Mängel oder Unausgewogenheiten bei insgesamt zu nährstoffreicher Fütterung fallen vorderhand nicht auf – im Gegenteil, der Besitzer freut sich als z. B. berufsmäßiger Schlachtviehproduzent gar, daß auch seine Pferde so schön rund sind. Das Pferd kann überschüssige Energie nur auf zwei Arten »loswerden« – durch energiezehrende Bewegung oder durch Einlagern als »eiserne Reserve« in Form von Speck.

Eiweißüberschüsse – häufig bei der traditionellen Fütterung mit großen Mengen Heu – kann das Pferd unter starker Belastung des Stoffwechsels bis zu einem Überversorgungsgrad von 300% verkraften, ohne zwangsweise akut zu erkranken. Dies ist durch Ausscheidung möglich. Das viele liebe Geld läuft, in Ammoniak verwandelt, in die Einstreu und belastet jetzt die Gesundheit der Pferde ein zweites Mal, indem es ihnen die Stalluft verpestet. Die Eiweißversorgung ist daher wie die Energieversorgung möglichst genau einzustellen. Jedoch hierbei Vorsicht! Eine Unterversorgung mit Eiweiß von 30% ruft bereits schwerste, klinische Krankheitserscheinungen und Dauerschäden – z. B. Kümmern – hervor. Also lieber ein bißchen zuviel Eiweiß als zu wenig. Zu wenig – in diesem Fall zu wenig hochverdauliches Eiweiß – erhalten bei traditioneller Heu/Hafer-Fütterung jedoch nur abgesetzte Fohlen bis zu einem Alter von ca. acht bis zwölf Monaten. Bei einseitiger Stroh/Rüben-Fütterung können jedoch auch ältere Pferde unter Eiweißmangel leiden.

Die Vitamin-A-Versorgung außerhalb der Weidezeit ist immer zu niedrig, wodurch die Tiere u. a. anfällig gegen Infektionen werden. Deshalb sollen Fohlen den ganzen Winter über, ältere Tiere zumindest im Spätwinter, täglich mindestens ein Kilogramm Grünmehl erhalten. Wegen des hohen Gehalts an Betacarotin sowie Calcium sind Luzernepellets am meisten zu empfehlen. Das Mineralfutter muß sorgfältig auf das gegebene Futter eingestellt, mit allen nötigen Spurenelementen versehen sowie leicht vitaminisiert sein. Darüber hinausgehende, wahllose Vitamingaben sind meist unnötig oder richten gar Schaden an: Zuviel hat die gleichen Krankheiten zu Folge wie zu wenig! Die nötige Rohfasermenge nehmen sich bei Stoheinstreu die Pferde selbst. Bei anderer Einstreu ist für die Jungpferde eine Bodenraufe, ständig befüllt mit gutem Futterstroh, angebracht.

Eine aus möglichst vielen Einzelkomponenten erstellte Futterration reduziert das Risiko von gravierenden Mängeln.

Alle Futtermittel müssen zwingend von einwandfreier Qualität (nicht muffig oder gar schimmelig!) sein.

Tägliche Gaben von Hefe und Leinsamen sowie etwas Feuchtfutter (Karotten, Äpfel, Maissilage, eingeweichte Trockenschnitzel, Rüben), auch mal ein Gläschen Obstessig sowie zwei- bis dreimal wöchentlich Mash erleichtern die Verdauungsarbeit bei trockenen Rauhfutter/Körnerfutterrationen und werten die Ration auf.

Gefüttert werden muß so oft wie möglich mit möglichst kleinen Portionen. Dreimal täglich ist das Minimum, fünfmal täglich ist schon erheblich besser. Hierbei kommt es vor allem darauf an, größere Mengen Kraftfutter aufzuteilen. Berufstätige können auf fremde Hilfe beim Füttern verzichten, wenn sie etwa nach folgendem Schema vorgehen: Morgens nach dem Aufstehen: ⅙ d. Kraftfutters + Stroh. Vor dem Aufbruch ins Büro: ⅙ Kraftfutter + ½ Heu. Nach Heimkehr bei kurzem Feierabend: ⅓ Kraftfutter + Feuchtfutter + Stroh. Vor dem Schlafengehen: ⅓ Kraftfutter + ½ Heu. Bei langem Feierabend variiert man: ¼ Kraftfutter + Saftfutter, ⅙ Kraftfutter + ¼ Heu, ¼ Kraftfutter + Stroh und ¼ Heu. Um die Freßzeiten zu verlängern, empfiehlt es sich, das Heu gründlich mit Stroh zu durchmischen. Die in den Laufställen bzw. Laufboxen gemeinsam gehaltenen Jungpferde sind bei ungleichmäßiger Entwicklung entweder zu den Kraftfuttergaben anzubinden, oder langsamer fressende Fohlen oder Tiere mit höherem Bedarf sind in Anschluß an zwei Mahlzeiten täglich extra zu stellen und nachzufüttern.

Vergessen werden darf nicht der im Winter gegenüber der Weidezeit und speziell bei großen Rauhfuttergaben stark erhöhte *Wasserbedarf* mit häufig nötiger Wasseraufnahme. Nur über (funktionierende und nicht eingefrorene!) Selbsttränken kann die für eine gesunde Verdauung nötige Wasseraufnahme geregelt werden. Bei trockenen, sauberen Ausläufen (z. B. saubere Schneedecke) soll möglichst häufig draußen gefüttert werden. Die gesündesten, luftigsten, hellsten und saubersten Ställe können nicht mit Mutter Naturs Voraussetzungen konkurrieren.

Die Gesundheit

Vorsorge

Hält und füttert man die Pferde so nahe wie möglich angepaßt an die Verhältnisse bei den Urpferden, so sollten die meisten der »üblichen« Pferdekrankheiten – etwa die gefürchteten Koliken – gar nicht auftreten. Man muß sich jedoch darüber klar sein, daß schon der Entzug der Freiheit dem Pferd die Möglichkeit der »Selbstmedikation« weitgehend nimmt. In der freien Wildbahn kann sich das instinktsichere Pferd alle benötigten Stoffe selbst suchen – von den Mineralsalzen über die heilenden Stoffe in Pflanzen bis hin zu natürlichen Antibiotika und Wurmmitteln. Da der Mensch dies dem Pferd verwehrt, es noch dazu mit Wurmlarven und krankmachenden Bakterien und Viren zusammensperrt, muß er im Gegenzug einiges an Vorsorge aufwenden.

Entwurmungen sind je nach Parasitendruck bei ein- bis dreijährigen Pferden vier- bis sechsmal jährlich, bei älteren zwei- bis viermal jährlich durchzuführen. Dabei sollte man sich ständig über neu auf den Markt kommende Wurmmittel orientieren. Die Parasiten haben nämlich – ähnlich wie die Bakterien – nach dem Motto »je kleiner, um so gemeiner« die Fähigkeit, in Windeseile resistent zu werden. Gelegentlich soll man daher ein bis zwei Wochen nach der Entwurmung Kotproben untersuchen lassen (kostenlos! zahlt die Tierseuchenkasse!) und bei unzureichendem Erfolg ein anderes Präparat wählen.

Noch wichtiger ist die drastische Senkung der Aufnahme von Wurmlarven – das Wurmmittel beseitigt nämlich bloß Würmer, beziehungsweise ältere Larvenstadien, die bereits beträchtlichen Schaden angerichtet haben. Dazu ist entsprechende Pflege der Weiden, Ausläufe und Stallungen nötig.

☐ *Wechselbeweidung* mit Wiederkäuern sowie ein jährlicher Heuschnitt hält die Verwurmung – die »Pferdemüdigkeit« – der Weiden in Grenzen.

☐ *Ausläufe* sollen entweder bewuchsfrei sein (verhindert auch bei besandeten Ausläufen die Aufnahme von ausgerissenen Graswurzeln mit Sand und dadurch die Sandkoliken, oder die Mistbollen müssen (spätestens) jeden zweiten Tag abgelesen werden.

☐ *Sauberes Entmisten* ist ebenfalls in den Stallungen nötig. Diese müssen zusätzlich noch über atmungsaktive, trockene Wände verfügen, da an feuchten Wänden Wurmlarven hochklettern und von den Pferden abgeleckt werden.

☐ *Impfungen* – nötig gegen Tetanus, empfehlenswert gegen Pferdeinfluenza, evtl. auch gegen Tollwut – sind regelmäßig durchzuführen.

☐ *Hufpflege* ist regelmäßig vorbeugend durchzuführen. Besonders zu langen Zehen oder zu einem Bockhuf soll man es ja nicht erst kommen lassen!

34

Werden die Remonten viel auf hartem Boden geritten oder gefahren, ist rechtzeitig an einen glatten, leichten Beschlag zu denken.

☐ *Diätische Futtermittel* sind sofort zu verabreichen, Kraftfutter ist sofort zu reduzieren, wenn das Pferd plötzlich ruhig gestellt wird – nicht erst, wenn die ersten Koliken auftreten!

Ständige Beobachtung

Zusätzlich zur Vorsorge kommt die ständige, sorgfältige Beobachtung des Gesundheitszustandes der Pferde. Dem Routinier ist dies zur Gewohnheit geworden. Er bemerkt die ersten Anzeichen: Ein verändertes Ohrenspiel, ein nicht so munteres Auge, weniger lebhaftes Spielverhalten, leicht veränderten Kot, ein nicht mehr ganz dicht anliegendes, leicht »gesträubtes« Fell, das weniger glänzend wirkt (Zugluft? Fieber?), oder gar etwas weniger »Feder« und Schwung in der Bewegung. Der Anfänger in der Pferdehaltung bemerkt unter dem struppigen Winterpelz vielleicht nicht einmal den Wurmbauch und die hervorstehenden Rippen, bemerkt nicht das Schwanken der totalen Schwäche in der Hinterhand. Koliken erkennt der Anfänger vielleicht erst, wenn das Pferd auf dem Rücken liegt und alle Viere in die Luft hält. Das lustlosere Fressen in den vergangenen Tagen, das Hin- und Hertreten mit den Hinterbeinen, das Flehmen mit der Oberlippe, das gelegentliche Umsehen zum Bauch haben zwar seine Augen gesehen – aber das Hirn, dem diese Bewegungsabläufe unbekannt waren, hat nicht geschaltet. Daß das Pferd sich während der letzten Fütterung plötzlich kurz hinlegte, hat der Anfänger zwar doch mit einem erstaunten »aha« quittiert, aber nicht als Kolik erkannt.

Ein Humanmediziner hatte uns zwei Fohlen abgekauft. Von vernünftigen Haltungsbedingungen hatten wir uns überzeugt und viele gute Ratschläge mitgegeben. Mit anderthalb Jahren wären die Fohlen jedoch beinahe verendet – der Grund: Die Selbsttränke war eingefroren! Der Mediziner hatte weder die aufgeschürzten Flanken noch die zwangsweise stark reduzierte Futteraufnahme bemerkt – oder aber nicht ernst genommen. Erst als sich der eine Jährling bereits zum Sterben niedergelegt hatte, wurde es ihm mulmig – kann man sich sowas vorstellen?

Viele »Unpäßlichkeiten«, die sich unbeachtet schnell zu ernsten Krankheiten auswachsen, könnten durch sofortige, strikte Rückkehr zur artgerechten Haltung – frische Luft, ständige, langsame Bewegung, häufige Aufnahme kleinster Futterportionen, keine schwer verdaulichen Futtermittel – wieder völlig auskuriert werden. Beispielsweise ist auch eine Pferdeinfluenza – das Schreckgespenst im ach so schönen Warmstall! – komplikationslos »an der frischen Luft« wieder auszukurieren.

Daß das indisponierte Pferd vor Nässe und Wind geschützt werden muß und nicht gearbeitet werden darf, ist selbstverständlich. Führen an der Hand wirkt sich dagegen bei den meisten Gesundheitsstörungen positiv aus. Zur Gesundheitsvorsorge gehört auch, daß man sich beizeiten – und nicht erst wenn's brennt – nach einem wirklich guten Tierarzt umsieht. Einem Tierarzt, der nicht gründlichst untersucht, vorschnell zur Spritze greift, der nicht zugibt, wenn er mit seinem Latein am Ende ist, der bei unklaren Symptomen gleich forsch erklärt: »Jetzt woll'n ma mal die Krankheit gleich »kupieren« und vorsorglich Penicillin setzen« – dem sollten Sie die Gesundheit Ihrer Tiere nicht anvertrauen!

Gesundheitsrisiken

Im zweiten Teil der Aufzuchtphase und bei Beginn der Ausbildung befinden sich die jungen Pferde altersgemäß – und bei richtiger Haltung! – in einem gesundheitlichen Hoch, das wenig Erkrankungen befürchten läßt. Schwerpunktmäßig liegen in diesen Phasen daher die gesundheitlichen Probleme auf den Koppelverletzungen, sowie den bei forcierter Ausbildung auftretenden Beinschäden.

Koppelverletzungen – oder auch Verletzungen im Stall – kommen bei lebhaften jungen Pferden immer mal wieder vor. Man kann die Box so solide bauen, wie man will – das Pferd ist nun mal ein Tier der freien Steppe und der Flucht – und Panik ist die natürliche Reaktion, wenn ein Pferd sich verhängt, festlegt, verklemmt! Auch einen Zaun gibt es nicht mitten in der Steppe! Überschäumendes Temperament, vom Regen glitschiger Boden und dann noch morsche Koppelzäune, durchhängender Stacheldraht, schlecht sichtbarer Elektrodraht oder ähnliche Scherze... Die gefürchteten Koppelverletzungen sind dann geradezu vorprogrammiert. Auch der solideste Koppelzaun kann splittern, wenn zwölf Zentner Lebendgewicht mit 40 km/h dagegendonnern! Sogar die momentan am verletzungssichersten erscheinende Einzäunung mit Förderband-Gummistreifen kommt nicht ohne Pfosten und Eingangstore aus. Zumeist wird es bei diesen Unfällen zu offenen Verletzungen kommen.

☐ *Bei offenen Verletzungen* gilt die allgemeine Regel: Je besser die Stelle durchblutet ist, desto besser wird die Abheilung vonstatten gehen. Bei Pferden kann man noch hinzusetzen: Je weiter oben die offene Wunde ist, desto günstiger sind die Aussichten! Während eine noch so häßliche Kopfwunde üblicherweise ohne wesentliche Narbenbildung innerhalb weniger Tage von selbst heilt, heilen Verletzungen am trockenen Bein immer sehr langsam und infizieren sich häufig.

☐ *Oberflächliche Hautverletzungen* (leichte Riß-, aber auch gelegentliche Bißwunden) können meist mit Blauspray behandelt und der Selbstheilung überlassen werden. Eventuell sollte eine Tetanusauffrischung gemacht werden. Diese ist unbedingt

Verletzungen, die sich am trockenen Bein befinden, sind besonders sorgfältig zu beobachten und zu behandeln, da sie langsam heilen und sich häufig infizieren.

nötig bei tieferen Wunden, vor allem bei Stichverletzungen (rostige Nägel!). Generell ist bei allen größeren Verletzungen auch immer der Tierarzt zuzuziehen; bei kleineren Verletzungen, die sich am Auge, in der Nähe des Rückenmarks oder an Gelenken befinden, ebenfalls.

☐ *Bei schwerwiegenden Verletzungen* muß man, bis der Tierarzt eintrifft, alle Maßnahmen treffen, um eine Verschlechterung zu verhindern oder das Leben zu retten.

☐ *Schlagaderverletzungen* (helles, stoßweise austretendes Blut) versucht man abzubinden (wie beim Menschen Druckverband nach einer halben Stunde kurz lockern) oder wenigstens abzudrücken. Bei allen schweren Verletzungen muß das Tier möglichst ruhig gehalten und wenig bewegt werden. Ein Kamerad ist nach Möglichkeit in Sichtweite zur Beruhigung unterzubringen. Gegen den Schock ist das verletzte Pferd – wenn dies zu keiner weiteren Aufregung führt – warm einzudecken.

☐ *Bis der Tierarzt eintrifft,* sollen an der Verletzungsstelle keinerlei Heilmittel angewendet werden. Weitere Schäden soll man versuchen, zu vermeiden – hängt das Pferd noch im Draht fest, ist dieser möglichst abzuzwicken. Schlingen, die sich weiter zuziehen können, sind zu entfernen. Eingedrungene Fremdgegenstände im Bauchraum oder in Herznähe (abgebrochene Koppelstange usw.) sollte man, sofern sich das Pferd ruhig verhält, jedoch nicht selbst zu entfernen versuchen (Blutsturzgefahr). Der Hoftierarzt leistet an Ihrem Pferd die nötige erste Hilfe, versorgt es mit Tetanusimpfstoff und Antibiotika und ist auch meist in der Lage, größere Wunden zu nähen. Ist das Nähen unumgänglich bei Verletzungen, die bereits älter als ein bis zwei Stunden, also vermutlich bereits infiziert sind, so müssen erst die Wundränder sauber ausgeschnitten werden. Zumeist wird dies unter Vollnarkose in der Pferdeklinik geschehen müssen. Besteht Verdacht auf Knochenverletzung, so sollten Untersuchungen unter Röntgen bzw. Ultraschall vorgenommen werden. Sie sind damit – wie auch das Operieren von durchtrennten Sehnen – Sache der Klinik oder des Fachtierarztes. Im übrigen kann man bei der Wundbehandlung noch feststellen, daß ältere Tierärzte mehr zur örtlichen

Behandlung mit Antibiotika oder Sulfonamiden neigen. Dagegen steht die jetzige Lehrmeinung an den Universitäten, dem Tier am besten die ersten fünf Tage über Injektionen Antibiotika zu verabreichen und die Wunde nicht zu reizen.

Gefährdet: Das Fundament

Neben dem Rücken, der bei unausgereiften und zu schnell eingerittenen Pferden zu »Temperamentsschwierigkeiten« und Verspannungen führt, stellt uns während der Ausbildungsphase vor allem die vermehrte Belastung des Fundaments vor eine schwierige Aufgabe. Das Fundament (= die Beine) des Pferdes soll trainiert werden. Trainiert heißt, immer mehr belastet – aber dabei nicht überbeansprucht werden; die Grenze bemerken wir gewöhnlich erst, wenn sie überschritten ist: Zu spät! Glauben Sie keinem Fachmann, der sagt: »Ach, junge Pferde geben immer mal wieder ein bißchen nach«. Dieses »Nachgeben« ist im besten Fall ein Muskelkater (auch das war dann eigentlich schon zuviel!), meist jedoch aber eine Lahmheit – und *immer* ein Zeichen von Schmerzen! Die eigentliche Ursache für viele der in diesem Stadium auftretenden Schäden liegt jedoch in unsachgemäßer Aufzucht. Vor allem für intensiv oder gar im Stall aufgezogene Fohlen kommt nun die Stunde der Wahrheit!

Schäden an Gelenken und Bändern sowie *Überbeine* sind zum Großteil fütterungs- und haltungsbedingt (zu wenig Bewegung!), verstärkte Anlage dazu wird vererbt. Generell muß auf das richtige Calcium-Phosphorverhältnis geachtet werden (vor allem während der gesamten Wachstumsphase!), da bei Knochenauftreibungen und Überbeinen meist Fehler in der Mineralstoffversorgung im Hintergrund stehen. Häufig sind bei

Jungtieren Bandabrisse zwischen Griffel- und Röhrbein, die der Körper durch Bildung von Überbeinen zu reparieren versucht. Stark unkorrekt gebaute Pferde neigen durch einseitig auftretende Belastungen (z. B. ein zu lockeres Band auf der einen Seite, ein zu straffes auf der anderen) besonders zu Bänderverletzungen. Für diese Pferde ist es während der ganzen Aufzuchtphase besonders wichtig, den Schmied so rechtzeitig zu holen, daß keine größeren Korrekturen nötig sind und dadurch weitere Schäden entstehen! Wer ein wenig Geschick hat, kann bei barfußgehenden Pferden wöchentlich das überschüssige Horn mit der Feile wegnehmen. Sobald solche Pferde regelmäßig gearbeitet werden, ist ein guter – und häufig erneuerter – orthopädischer Beschlag angebracht. In diese Gruppe gehören auch Pferde mit Spatveranlagung.

Eine weitere, häufig auftretende und vielfach zur Unbrauchbarkeit führende Erkrankung ist die *chronische Kniegelenksentzündung.* Ursache sind lockere Bänder im Kniebereich, betroffen sind meist Pferde mit zu steiler Winkelung in der Hinterhand. Die Veranlagung dazu ist wiederum vererbt. Verstärkt vom Herausspringen der Kniescheibe oder dem Verhaken der Bänder betroffen sind jedoch vor allem junge Pferde mit zuwenig Bemuskelung (die den Bändern Halt geben würde) und falscher Mineralstoffversorgung. Vorsichtiges „Bemuskeln" der Pferde durch viel Bewegung ohne starke Belastung kann hier Abhilfe schaffen. Bei einer Luxation nach oben ist auch – sofern es rechtzeitig geschieht – die operative Verkürzung der Bänder ein Ausweg. Ist es jedoch durch häufige Verrenkungen bereits zu starken Blutungen ins Gelenk gekommen, so führen die resultierenden Gelenksveränderungen zu chronischer Lahmheit. Seitliche Luxationen haben meist einen flach ausgebildeten

äußeren Rollkamm des Oberschenkelbeins als Hauptursache. Eine Besserung des Zustandes ist in diesem Fall kaum zu erreichen. Diese Pferde sind auch nicht in der Zucht einzusetzen, da diese Mißbildung mit Sicherheit erblich – und stark im Aufwind! – ist.

Bänderzerrungen oder -zerreißungen sind immer mit Blutergüssen (zumeist ins Gelenk) verbunden und daher, genau wie eitrige oder nichteitrige Gelenksentzündungen, sehr schmerzhaft. Die dadurch entstandene Lahmheit zeigt uns die Mindestdauer der „Schonzeit" an. Lahme Pferde dürfen nicht geritten werden. Blutungen ins Gelenk rufen Gelenksentzündungen, mehrfache langandauernde Gelenksentzündungen rufen chronische Veränderungen und dauernde Lahmheit hervor. Die Dauer der Gelenksentzündungen kann mit medikamentöser Behandlung durch den Tierarzt (Bute) abgekürzt werden. Durch Ansetzen von Blutegeln können extreme Blutergüsse entfernt werden, durch sofortige Stützverbände kann jedoch bereits die Ausbreitung der Blutungen verringert werden. Kälteanwendung vermindert in der ersten, entzündlichen Phase den Schmerz, danach soll mit feuchter Wärme oder durchblutungsfördernden Mitteln weiterbehandelt werden. Dieses Vorgehen ist auch bei Sehnenverletzungen angebracht!

Sehnenverletzungen sind die Berufskrankheit der Galopper (oberflächlicher Zehenbeuger) sowie der Fahrpferde, die ständig auf hartem Boden gehen, möglichst noch mit Greif- statt mit glattem Beschlag (tiefer Zehenbeuger). Aber auch alle anderen, vor allem junge Pferde sind durch unvernünftige Anforderungen und auch durch gelegentliche Unfälle gefährdet. Vor allem die Beugesehnen müssen bei der Landung nach dem Galoppsprung mit gewaltigen, plötzlich auftretenden Kräften fertig werden. Da sich

Der gesunde Geist – das Interieur

Das Pferd – ein Herdentier

Das Pferd ist ein ausgeprägtes Herdentier. Ein selbständiges Leben ohne Muttermilch und ein Überleben ohne den Schutz der Herde war dem Urpferdefohlen frühestens mit einem Jahr möglich. Daher konnte es sich Mutter Natur leisten, das instinktive, vererbte Wissen, das bei Nichtsäugern – z. B. Schlangen oder Vögeln – bis zur Perfektion ausgebildet ist, beim Pferd auf ein gewisses Minimum zu reduzieren. Dafür erhielten die Fohlen einen starken Nachahmungstrieb, eine erhöhte Aufmerksamkeit gegenüber sozialen Signalen (und auch Erziehungsmaßnahmen!) sowie ein gutes Merkvermögen. Nur durch diese Eigenschaften ist es überhaupt möglich, das Pferd für Arbeit und Sport auszubilden und zu nutzen. Gleichzeitig wurde das Pferd aber auch ungeheuer stark abhängig von der Herde. Ein Pferd alleine, das gibt es in der Natur nicht – und schon gar kein junges Pferd ohne Herde! Es braucht die »Erziehungsmaßnahmen«, um das Sozialverhalten, also die »guten Manieren«, zu lernen (hat es rüpelhafte Manieren, wird es sich auch dem Menschen gegenüber rücksichtslos benehmen). Es braucht auch den »background« eines gesunden Selbstgefühls, den die gesicherte »Stellung« in der Herde = Familie schafft. Ein Pferd *allein* fühlt sich immer unsicher, weiß, daß es ohne Herde allen Unbilden des Lebens (normalerweise Wölfe, Schneesturm usw.) schutzlos ausgesetzt ist.

Freilich gibt es heutzutage viele Einzel-

»Ein Pferd alleine« – das gibt es in der Natur nicht! Absetzer brauchen mindestens einen Spielgefährten, Hengstchen mindestens einen Raufkumpan.

gängerpferde, die zum Teil sogar bösartig gegen andere Pferde sind. Diese sind jedoch fast immer isoliert – unnatürlich – aufgezogen worden. Haben sie es wenigstens geschafft, in den Menschen einen »Herdenersatz« zu finden, so bringt immerhin die Arbeit für sie einen gewissen seelischen Ausgleich = Herdenkontakt. Fehlt auch die persönliche Bindung zum Menschen, haben sie nicht zumindest den Ziegenbock oder die Stallkatze gern, so werden diese Einzelgänger zusehends gereizter und neurotischer und enden meist als »Verbrecher« in der Wurst. Will man ein Pferd haben, das geistig normal ist, also »richtig« im Kopf und nicht neurotisch, so muß es Zeit seines Lebens Pferdegesellschaft haben. Die kleinen Fohlen sollen in einer zumindest kleinen Herde mit mindestens einem weiteren Fohlen heranwachsen, die Absetzer brauchen mindestens einen Spielgefährten – Hengstchen mindestens einen Raufkumpanen. Für Jungstuten, die in die Zucht sollen, ist es ideal, wenn sie Geburten miterleben und sich als »Kindermädchen« auf ihre künftige Mutterrolle vorbereiten können. Mutterstuten brauchen auch den Sozialkontakt zu ausgewachsenen »Herdenmitgliedern«, und alle Pferde brauchen von Natur aus ihren Kraulpartner, sozusagen einen Busenfreund!

Pferde, die nicht wenigstens über die Boxentrennwand hinweg durch gegenseitige Fellpflege eine soziale Bindung eingehen können, sind nur halbe Pferde: Sie leiden ganz nach Siegmund Freud unter dem Mangel an Liebe. Dieses klassische Herdentier braucht das beruhigende, tröstende, aufmunternde Ritual des Sich-Beknabberns. Das Putzen stellt einen gewissen Ersatz dar – darum genießen es auch normale Pferde, die noch keine Kontaktstörungen haben, so sehr! Ganz besonders die Fohlen sind sich dann sicher, daß der Mensch sie liebt,

sonst würde er ja nicht fellkraulen. Der Mensch ist jedoch nie 24 Stunden am Tag greifbar – wie es sich für ein redliches Herdenmitglied gehören würde. Andere Tiere – Ziege, Katze, Esel, Hund – können für ein Einzelpferd ein gewisser Trost sein, ein Pferd können sie nie ersetzen. Mehr noch als beim erwachsenen Pferd gilt aber beim jungen, unfertigen Pferd die – wenn auch kleine – Herde als unbedingtes Muß für eine gesunde Psyche.

Das Pferd – ein Lauftier

Ganz besonders die jungen, im Wachstum befindlichen Pferde sind für ihren »Seelenfrieden« auch in hohem Maße auf die ständige körperliche Bewegungsmöglichkeit angewiesen. Darüber hinaus brauchen sie sogar bei 24-Stunden-Weide ihre Spielstunden, in denen sie hemmungslos toben können. Meist wird die Morgen- und Abenddämmerung – die Stunden der Raubtierjagd, wenn die Reflexe am leichtesten auszulösen sind – dazu genutzt, sich gründlich auszutoben. Werden die jungen Pferde aufgestallt, so muß man sie – egal ob's stürmt oder schneit – täglich mindestens für eine Stunde in den Auslauf lassen. Unterbleibt der tägliche Ausflug und damit die Möglichkeit, sich regelmäßig gründlich auszutoben, so werden die Fohlen in ihren Boxen unheimlich explosiv. Schon der Verdacht, es könnte gleich rausgehen und sie könnten vergessen werden, veranlaßt sie unter Quietschen zu Bocksprüngen und vehementestem Ausschlagen. Sogar die erwachsenen Pferde gehen dann in Deckung, und für Menschen ist das Betreten der Boxen nicht mehr ohne Gefahr möglich. Verlangt man von Fohlen in diesem »Spannungszustand« dann gar noch längeres geduldiges Ruhigstehen (z. B. Schmied, Tierarzt), so hat man sich die zwangsläufigen Kämpfe oder gar

Junge Pferde müssen sich täglich austoben können. Nur von einem »ausgetobten« Fohlen kann man geduldiges Ruhigstehen (z. B. Tierarzt, Schmied) verlangen.

»Explosionen« mit all ihren eventuellen Folgen selbst zuzuschreiben. Daß die Gewaltmaßnahmen, die man unter solchen Umständen anwenden muß, nicht gerade das gute Einvernehmen zwischen Mensch und Tier fördern und im Gedächtnis haften bleiben, ist klar. Genauso wie die Gegenmittel klar sind:

☐ Für das Weniger an Bewegung auch weniger an Kraftfutter!

☐ Soviel Bewegung, wie man nur irgend ermöglichen kann.

Und in einem plötzlichen »dringenden Fall« halt vorher noch austoben lassen – auch wenn die Koppel dann umgeackert ist. Angelernte Pferde kann man auch ablongieren, bis der Überdruck abgelassen ist.

Jedoch auch durch den Mangel an langandauernder *ruhiger* Bewegung werden die Reflexe – besonders bei nervigen Leistungstypen – so »gereizt«, daß die Pferde regelrecht »unberechenbar« erscheinen. Einige werden so »sensibel im Maul«, daß sie exzessiv steigen bis zum Überschlagen. Lauftypen werden »schreckhaft« und gehen durch – hier animiert besonders windiges Wetter die jungen Pferde. »Kernigere« Pferde mit dem Eigensinn des Typs II und III werden schon im Stall ekelhaft gegen ihre Boxengefährten und Nachbarn. Schlagverletzungen und zertrümmerte Boxen sind die Quittung.

Einmal war ich auf einer Haflinger-Stutbuchaufnahme, die nach drei Tagen »Sauwetter, bei dem man keinen Hund vor die Türe jagt« stattfand. Beim Vormustern ging plötzlich einer der jungen Stuten das Temperament durch. Quietschend und bockend riß sie den Vorführer mit sich. Im selben Moment ging's wie ein Rauschen durch die bereits aufmarschierten 50 jungen Stuten – eilends zogen die Besitzer ihre Tiere auseinander, denn schon buckelte alles – buchstäblich jede einzelne Stute! Als nach Minuten wieder Ruhe eintrat, war glücklicherweise niemand verletzt. Nur Schirme, Taschen, Hüte mußten wieder aufgesammelt werden. Tagelanges gutes Füttern, Putzen, Pflegen – und ja nicht raus in den Schlamm und nicht wieder dreckig werden – da können selbst die geduldigen Haflinger zu Raketen werden. Und dann die aufregende, neue Umgebung, die vielen fremden Pferde, denen man doch zeigen möchte, wer der Stärkere ist – wen wundert's –, aber was hätte da alles passieren können!

Verlangen wir von jungen Pferden etwas so Ungewohntes, so Beunruhigendes und noch dazu längeres »gesittetes« un-

tätiges Verharren in so einer Lage, dann müssen wir uns klar sein, daß dies absolut »nerv-tötend« wirkt. Vorbeugend sollten wir die Pferde deshalb am vorausgehenden Tag so lange *ruhig* arbeiten, bis der nervöse Übermut weg ist und sie wirklich zur Ruhe gekommen sind. Zu scharfes Tempo oder zu hartes Anpacken ist zu vermeiden – dies macht die Pferde nicht ruhig, sondern müde oder gar sauer und erschwert eine wirklich schwungvolle Vorstellung.

Das Einzelpferd – ein Sorgenkind

Schon die Tatsache, daß Pferde Herdentiere sind, macht die Einzelhaltung äußerst problematisch. Einzelpferde sind jedoch auch, was ausreichende Bewegung betrifft, ganz besondere Sorgenkinder. Ein Pferd alleine wird – außer es ist besonders nervig – sich selten aus freiem Antrieb genügend bewegen. Der

Dem Einzelpferd muß mehr »Familienanschluß« sowie viel Bewegung ohne Belastung geboten werden. (Hier ein Waldlauf mit anschließendem gemeinsamen Bad.)

Spiel- und damit der Lauftrieb verkümmert, ersatzweise entwickeln sich stereotype Bewegungsstörungen und andere »Untugenden« (z. B. Weben). Eine kleine Herde hingegen animiert sich ständig zu Spiel und Bewegung. Fohlen und Jungpferde brauchen allerdings auch junge, bewegungsfreudige Herdengefährten. Bei lauter alten, griesgrämigen, muffligen Omas und Onkeln wird selbst das munterste Fohlen trübsinnig. Möglichst gleichaltrige und gleichgesinnte Spielgefährten (z. B. Hengstchen zu Hengstchen) sind die beste Gewähr, daß sich ein junges Pferd auf der Koppel ausreichend bewegt und auch gründlich austobt. Erst dann kann es dem Menschen gegenüber ausgeglichen und aufmerksam sein.

Muß ein Einzelpferd – etwa aus finanziellen Gründen – unbedingt sein, so sind folgende drei Grundbedingungen unbedingt zu beachten:

1. Das Pferd muß dem Typ III möglichst nahestehen (lange, schmale Nase, trockenes, starkes Fundament, hochbeinig und flach bemuskelt). Von allen Pferden zeigt der Typ III den größten Futterneid und damit die größte Individualdistanz. Diese Pferde neigen am allerwenigsten zum Kleben, und sie sind auch zufrieden, wenn sie völlig ohne Herde leben müssen.
2. Auch dieses Pferd muß, bis es wenigstens drei Jahre alt ist, entweder in einer Herde oder in Pferdegesellschaft aufwachsen. Wenn es für regelmäßige, ausfüllende Arbeit alt genug ist, kann man es allein halten.
3. Arbeit alleine belastet sowohl Körper als auch Psyche vor allem des jungen Pferdes zu sehr. Daher muß unbedingt Bewegung ohne Belastung als Ausgleich dazu kommen. Waldläufe mit dem Pferd sind hier sehr angebracht!

Einfluß von Gesundheit und Fütterung

Nicht nur die Haltung, auch die Gesundheit und die Fütterung beeinflußt sehr stark die seelische Ausgeglichenheit des Pferdes. Ein krankes Pferd lebt in der Wildnis nicht lange: Es ist die natürliche Beute der Raubtiere, die auf diese Art sowohl Seuchenpolizei wie Artverbesserer der Natur sind. Das kranke Tier weiß das instinktiv. Bei einer schweren Verletzung oder Erkrankung wird es apathisch und ergibt sich in sein Schicksal. Dies verkürzt ihm das Leiden und den Todeskampf (beim Haustier erleichtert diese Apathie die einleitenden Behandlungen!). Bei einer leichteren Gesundheitsbeeinträchtigung sucht es jedoch nach seiner »letzten Chance«: Es wird nervös, schreckhaft, sprung- und abwehrbereit! Bei Fohlen, die sich plötzlich derart verwandelt zeigen, muß man immer an eine Störung der Gesundheit denken, primär an Wurmbefall, der Ursache auf den Grund gehen und schnellstmöglich die volle Gesundheit wiederherstellen.

Auch nach überstandener Erkrankung bleibt häufig der Stoffwechsel noch gestört. Gegen Nervosität verabreicht man die altbewährte Hefe, bei und nach Infektionserkrankungen füttert man Vitamin A oder Carotin (Karotten, Luzernepellets), die Mineralstoff- und Spurenelementmängel (z. B. Eisen) müssen beseitigt werden. Ein genaues Bild gewinnen Sie über eine Blutuntersuchung, die nach schwereren Krankheiten, längeren medikamentösen Behandlungen sowie bei unklarem, andauerndem Kränkeln immer vorgenommen werden sollte.

Die Fütterung beeinflußt ganz wesentlich Nerv und Temperament des Pferdes. Hier wirkt sich nicht nur das Übermaß, das »überschäumen« läßt, oder die Unterversorgung, die matt macht, aus. Auch einzelne Futtermittel üben einen »dämpfenden« beziehungsweise »anfeuern-den« Einfluß auf Temperament und Energie der Pferde aus. Bekannt ist das Sprichwort: »Den sticht der Hafer«. Hafer macht decklustig und gilt mit seinem hohen Gehalt an Vitamin E zu Recht als Futter für Jung- und Zuchttiere. Jedoch werden viele Pferde, vor allem die »Rauhfuttertypen«, überaus sexy, kernig, und widersetzlich, wenn man hierbei zu viel des Guten tut. Zuviel Temperament bei Remonten kann man beseitigen, ohne der Leistung Abbruch zu tun, indem man einen Teil des Hafers gegen dämpfende Energieträger, wie Mais, Gerste oder eingeweichte Trockenschnitzel, austauscht. Dabei ist zu beachten, daß Trockenschnitzel in größeren Mengen die Decklust stark herabsetzen, sie sind also für junge Beschäler während der Saison nur bedingt brauchbar.

Der gute Charakter

Einen guten Charakter hat für den Menschen das Pferd, das sich seinem Willen – oder auch Unwillen – völlig widerstandslos unterwirft. Bereits die Entziehungstendenz – wenn ein überfordertes oder zu hart behandeltes Tier sich nicht fangen lassen will, oder sich wegdreht, wenn man mit Halfter, Sattel oder Geschirr die Box betritt – wirft einen Schatten auf den makellosen Charakter. Charakter ist jedoch etwas Wandelbares! Bewähren muß er sich in den großen Momenten – formen, erhalten und pflegen muß man ihn in den kleinen! Wohl ist der Charakter das, was sich am stärksten von allen Merkmalen vererbt, mehr als alle Eigenarten des Körperbaus. Jedoch unterliegt jedes Lebewesen dem ständigen Druck seiner Umwelt. Wohl gibt das eine diesem Druck leichter nach, das andere wehrt sich stärker dagegen, eines wächst an dem Druck, das andere zerbricht vielleicht daran.

Gibt es bei den Pferden – ihrer Ur-Abstammung nach – auch gewaltige Unterschiede in der individuellen Sensibilität, sensibel gegen ihre Umwelt und damit auch gegen die Behandlung, die ihnen der Mensch angedeihen läßt, sind sie doch alle. Auch der sture, gleichgültig erscheinende »Bock« ist auf seine Art sensibel, er zeigt es nur nicht gleich. Hat man ihn dann endgültig böse gemacht, ist er dafür um so nachtragender. Tiere mit wirklich ungeeignetem, unzähmbarem Charakter sind von jeher nicht in die Zucht genommen worden. Wollen Sie heutzutage so einen Equiden, so müßten Sie sich schon ein Zebra kaufen!

Doch auch den Charakter der heutigen Hauspferde, der folglich gar nicht schlecht sein kann, höchstens etwas schwieriger oder diffizieller, muß man formen und pflegen. Zu diesem guten Charakter gehört ja auch das Vertrautsein mit dem Menschen und das daraus entsprechende absolute Vertrauensverhältnis. Daß dies nicht zugleich mit dem neugeborenen Fohlen ins Stroh fällt, ist ja wohl verständlich. Man muß sich das Vertrauen schon zuerst erwerben, verdienen und dann auch erhalten. Das Pferd hat ein phänomenales Gedächtnis. Es vergißt nicht so leicht eine einmal gemachte Erfahrung. Jedoch wird sich die schlechte Erfahrung seinem Gedächtnis weit nachhaltiger einprägen als die gute. Neben dieser Grundvoraussetzung – dem guten Charakter – hat jeder Mensch weitere Vorstellungen vom idealen Interieur seines Pferdes. Diese zusätzlichen Wünsche sind oft sehr vielfältig oder widersprechen sich gar. So soll das Pferd äußerst sensibel allen Hilfen nachkommen, aber ja nicht auf äußere Ablenkungen sensibel, also schreckhaft sein. Es soll schnell, temperamentvoll und spritzig sein, nie aber einen Hupfer machen. Es soll nervig im Parcours die Hindernisse anziehen, im Gelände von selbst die

Den guten Charakter behält das Pferd nur bei artgerechter Haltung. Kann es alle seine Bedürfnisse in der Herde befriedigen, wird es bei der Arbeit aufmerksam und willig sein.

Pace machen wie eine Lokomotive und im übrigen so gelassen und unerregbar sein wie eine zwanzigjährige Kuh. Nun, wenn das Pferd schon von Geburt aus einen guten Charakter und ein hervorragendes Temperament hat und Sie selbst 15 Jahre Zeit, Geduld, Liebe und Sachkenntnis aufbringen, so gelingt es Ihnen vielleicht, so ein vollendetes Geschöpf zu formen.

Jedoch – wie unsere Mütter von uns damaligen ABC-Schützen sagten: Entweder sie sind in der Schule wie Engel, dann sind sie zu Hause die reinsten Teufel – oder umgekehrt! Ist Ihr Pferd zu den Menschen allzu engelhaft, kehrt es wahrscheinlich in der Herde den Teufel heraus. Oder es steht im Stall und klotzt ständig donnernd gegen die Wand: Irgendwo muß auch das frömmste Pferd ein bißchen dominieren können, sonst verliert es ja ganz und gar den letzten Rest von Selbstachtung.

Tragen Sie Ihrem Pferd also nicht nach, wenn es nicht zu 100% perfekt ist – seien Sie mit 99 oder auch 98% glücklich und zufrieden, tauschen Sie es nicht beim Händler um – etwas besseres kommt vielleicht nie nach. Außerdem, ganz ehrlich gesagt: Würden Sie – als Mensch – sich wohlfühlen, wenn Sie so einen engelhaften, unterwürfigen und absolut tugendhaften Charakter besäßen? Es ist wohl ein guter, christlicher Spruch: Die andere Backe auch noch hinhalten… Aber in der Praxis…

Die Charakterschmiede

Den guten Charakter muß man regelrecht formen, ja geradezu schmieden. Dies geschieht aktiv durch die gute Er-

47

Aufmerksam, vertrauensvoll und neugierig betrachten diese Jungpferde die Passanten. Im Laufstall (vor allem kombiniert mit freiem Auslauf) können Fohlen während der Aufstallungszeit artgerecht gehalten werden.

ziehung und passiv dadurch, daß Sie das Pferd keine schlechten Erfahrungen machen lassen. Um dies sicher zu erreichen, bedarf es der Taktik der »kleinen Schritte«, der dazu nötigen Geduld und einer Portion Glück.

Eine völlig kostenlose, nicht zeitraubende und noch dazu hervorragende Charakterschulung bietet jedoch die natürliche Charakterschmiede: Die Herde! In der Herde wird das Fohlen erzogen – und nicht nur zu natürlichem Sozialverhalten, sondern auch zu charaktervollem Verhalten gegenüber den Menschen! Ist das Leittier der kleinen Pferdeherde den

Menschen gegenüber respektvoll und gehorsam, so atmen die Fohlen diesen Respekt ein wie die Luft, die sie umgibt. Der Wunsch, diesem Überpferd zu gehorchen, wird durch das ständige Nachahmen der Reaktionen der anderen Pferde regelrecht fixiert. Folgt die ganze Herde Ihrem Ruf, so wird das Fohlen sein Leben lang kommen, wenn es gerufen wird. Läuft die ganze Herde respektvoll um Sie herum, so wird das Fohlen, auch wenn es auf sich allein gestellt ist, nicht durch Sie hindurch marschieren! Folgt die Herde Ihrem Hand- oder Peitschenzeichen, läßt sich von einem langgezogenen »Hoooh!« abbremsen und beruhigen, so wird das Fohlen später auf die gleichen Zeichen und die gleichen Kommandos genauso reagieren wie in der Herde. Sehr praktisch ist es deshalb, auch in Jahrgangsherden ein älteres, bereits ausgebildetes und recht folgsames Pferd als »Oma« einzusetzen. Diese Rolle kann natürlich auch ein Wallach übernehmen. Damit das gute Beispiel auch fruchten kann, muß die »Oma« natürlich auch das ranghöchste Tier dieser Herde sein und bleiben. Zusätzlich bringt dies noch den Vorteil, daß man das ranghöchste Jungpferd weniger hart anfassen muß. Wäre es nämlich Herdenchef, wären seine Reaktion entsprechend kerniger. So hat es sich die Hörner bereits an der »Oma« abgestoßen und reagiert in der Ausbildung nicht übermäßig selbstbewußt.

Kummer kann jetzt nur noch das rangniederste Tier einer größeren Herde bereiten. Meist muß man – vor allem im Laufstall – dieses Pferd etwas bemuttern. Es kommt beim Fressen zu kurz und wird deshalb, entgegen jeder sozialen Rangordnung, an den Chefs vorbeigeführt und draußen nachgefüttert. Bekommt es in der Herde Hiebe, so brüllt »sein« Mensch den Missetäter an. Schön langsam wird »Mamas Liebling« verzogen. Geht's später an die Ausbildung, so sagt Mamas Liebling gewöhnlich ganz erstaunt: »Aber ich doch nicht! Ich bin ja wohl etwas Besonderes!« Bei der nun folgenden harten Auseinandersetzung geht Mamas Liebling gewöhnlich aufs Ganze – gepackt vom Machtrausch – einmal im Leben möchte er nicht Herdenletzter sein, und dieser Mensch mit seiner Affenliebe kann es ja gar nicht ernst meinen... Gewinnt er durch einen dummen Zufall, so hat man ein Pferd, das sich allen Anforderungen entzieht und sich meist durch heftiges Ausschlagen zur Wehr setzt. Mamas Liebling arbeitet eben nicht.

Diesem Mißverständnis sollte man frühzeitig vorbeugen – entweder dadurch, daß man beizeiten für sozialen Aufstieg sorgt, damit entfällt die »Affenliebe«, und die Herde kann ungestört den Charakter schmieden. Um den sozialen Aufstieg zu ermöglichen, müssen weitere, möglichst jüngere Fohlen zu der Herde gegeben werden. Ist dies nicht möglich, so muß Mamas Liebling beizeiten mit den Tatsachen des Lebens konfrontiert werden – daß nämlich auch jenseits der Herde die Bäume nicht in den Himmel wachsen und daß das mit der Affenliebe ein kleiner Irrtum war.

Rechtzeitige und genügend konsequente Erziehung bleibt Ihnen durch die Herde – die Sie ja selbst in den sozialen Funktionen behindert haben – in diesem Falle leider nicht erspart.

Beurteilung von Entwicklung und Belastbarkeit

Zur Aufzucht, Erziehung und Ausbildung gehört die sichere Beurteilung von Entwicklungsstand und Belastbarkeit. Irrtümliche zu frühe oder übermäßige Belastung führt zuerst zu nervösen Reaktionen und schließlich zu einem ziemlich abrupten entwicklungshemmenden körperlichen Rückschlag. Die Belastbarkeit hängt natürlich zusätzlich von der Gesundheit des Pferdes ab. Bei auch nur leicht beeinträchtigter Gesundheit darf das junge, in der Entwicklung stehende Pferd selbstverständlich nicht belastet werden. Die Erziehung bzw. die Ausbildung muß hintangestellt und unterbrochen werden. Alles Neue, Aufregende oder Anstrengende muß unterlassen werden, bis sich das junge Pferd körperlich wieder voll und ganz erholt hat. Erkenntlich ist dies am wieder munteren Auge, wieder freien, geschmeidigen Bewegungen bei guter Selbsthaltung sowie dem wieder glänzenden Fell.

Die regelmäßige Arbeit kann mit einem jungen Pferd erst begonnen werden, wenn es körperlich zumindest begonnen hat, »zu«zumachen, daß heißt, wenn es sich sichtlich abzudrehen beginnt. Auffälligste Zeichen sind: Die Verbreiterung der Brust und die Harmonisierung der schlaksigen Fohlenform zur bemuskelten, kompakten Pferdeform. Die überbaute Kruppe gilt bei Großpferden als Symptom der Unreife. Ponies zeigen schon als Fohlen weitaus harmonischere Körperproportionen. Sie werden daher – und auch wegen ihrer Leichtfuttrigkeit, die sie frühzeitig rund werden läßt – gerne in ihrem Entwicklungsstand überschätzt. Ist man sich im Zweifel, ob die – bereits früher in diesem Buch definierten – Reifestufen auch wirklich schon erreicht sind, so soll man lieber warten, bis man sich absolut sicher ist. Beginnt man dann vorsichtig mit der Belastung, so muß das junge Pferd ohne große Aufregung wenn auch kleine, so doch erkennbare Fortschritte machen. Bereits gut Gelerntes muß es sich willig ohne erkennbare Aufregung abverlangen lassen. Wird der Leistung entsprechend gefüttert, darf das junge Pferd nicht wesentlich abmagern, dazu muß es sich von körperlichen Anstrengungen sichtlich in kurzer Zeit wieder erholen.

Auch das regelmäßig gearbeitete *junge* Pferd muß von der Arbeit »schöner«, das heißt muskulöser und ausdrucksvoller werden. Wenn man ihm das nicht ansieht, stimmt etwas nicht!

Ausbildung

Grundlagen der Ausbildung

Gehorsam und Vertrauen

Dem Pferd als Herdentier ist Gehorsam und Vertrauen etwas Selbstverständliches: Jedes Pferd ist seinem Herdenboß gegenüber absolut gehorsam und vertraut ihm voll. In den mittleren Rängen der Herde gibt es dagegen ständig kleine Reibereien, was die Rangfolge betrifft. Das Vertrauen in die Fähigkeiten dieser Pferde ist entsprechend ebenfalls umstritten. Dagegen zweifelt kein Pferd an den Fähigkeiten des „Chefs". Dieser bleibt, wie Beobachtungen an freilebenden Herden ergeben haben, sogar in Zeiten vorübergehender gesundheitlicher Schwächung voll anerkannt. Diese Achtung ist dem »gemeinen Volk« so tief eingeprägt, daß der »König« seine Macht nie demonstrieren muß. Eine gewisse Gereiztheit zeigt er lediglich gegenüber Nr. 2, allenfalls noch Nr. 3 – sozusagen vorsichtshalber. Die restlichen Mitglieder der Herde stehen so tief unter dem »König«, daß sie praktisch »Luft« für ihn sind, ja, er kann es sich schon wieder leisten, gelegentlich »leutselig« zu sein. Der Mensch muß sich folglich, um ständige Machtkämpfe zu vermeiden, als absoluter Herdenboß, als regelrechtes Überpferd der Herde etablieren. Seinen »Untergebenen« ist dann Gehorsam und Vertrauen geradezu zur zweiten Natur geworden.

Fohlen haben nun in der Herde eine gewisse Sonderstellung: Bis sie etwa zwei Jahre alt geworden sind, genießen sie »Narrenfreiheit«. Sie werden zwar von den Pferden, die in der Rangordnung über ihrer Mutter stehen, erzogen. Aber sie werden dabei nie wirklich grob angefaßt. Dies ändert sich, wenn sie als »erwachsen« anerkannt werden. Nun müssen sie sich in die Rangordnung einfügen. Alle älteren Pferde reagieren nun prompt und eindrucksvoll gegen jede Frechheit, die der kleine Rüpel sich erlaubt. Ein Pferd, das nicht so reagiert, verliert sofort »Gesicht« und findet sich bald am unteren Ende der Rangleiter wieder. Ein Fohlen ist sich der anfänglichen Narrenfreiheit wohl bewußt und probiert sie in aller Unschuld auch an den Menschen aus. Genau wie die ranghohen Pferde soll der Mensch darauf mit »milder« Strenge reagieren: Ein Knuff, wenn das Fohlen frech war, ein liebevolles Kraulen zur Versöhnung überzeugt es, daß die Welt noch in Ordnung ist. Besonders selbstbewußt gehen Fohlen von Einzel- sowie von Leitstuten gegen den Menschen vor. Fohlen werden ja von ihrer eigenen Mutter nicht zur Unterwürfigkeit erzogen – dies ist Sache der ranghöheren Stuten. Ist keine ranghöhere da, muß der Kleine wohl der »Kronprinz« sein, ein potentielles Leittier folglich, das Kampfstärke und Mut, nicht aber Unterwürfigkeit entwickeln soll. Dieses Prinzlein ist also üblicherweise saufrech. Hier muß man schon richtig durchgreifen und es auf den Boden der Tatsachen zurückbefördern.

Ein junges Pferd, das die Erziehung durch eine intakte Herde nicht oder nur kurz genossen hat, ordnet sich dem Menschen nicht vollautomatisch als dem »absoluten Herdenboß« unter. Kommt noch hinzu, daß der Rangfolge-Abstand durch weitere, ihm überlegene Pferde fehlt (z. B. beim stärksten einer Jahrgangsherde), so hält es sich für nur *einen* Rang niedriger stehend. Deshalb testet es ständig – bei vielen Kleinigkeiten und immer wieder – die »Bereitschaft« des Menschen, mit ihm den Rang zu tauschen.

Ebenso sind bei den Halbstarken, die in der Herde nun ihre Narrenfreiheit verlieren würden, kleine »Tests« an der Tagesordnung. Wer hier nicht *sofort* korrigiert, hat bald ein »ungezogenes« Pferd, das es dann ernstlich darauf anlegt, den Menschen unterzubuttern. Diese Tests werden beim täglichen Umgang unternommen, z. B. beim Füße Aufheben oder Führen. Drängelt etwa ein Pferd plötzlich vor Ihnen durch die Stalltür, so müssen Sie sofort mit ihm arbeiten, konsequent so lange durch die Stalltüre rein – raus – wieder rein usw., bis es wieder bereit ist, zu warten, bis es der Rangfolge nach drankommt! Und wenn Ihnen in der Zwischenzeit das Schnitzel in der Pfanne anbrennt – da hilft nichts! Jeder Ungehorsam muß sofort und gründlich korrigiert werden, ob Sie jetzt gerade Zeit und Lust dazu haben oder nicht. Nur so können sie weiterem Ungehorsam vorbeugen.

Ist es nämlich erst einmal so weit gekommen, daß ein älteres, inzwischen verdorbenes Fohlen Sie gezielt angreift, so ist mit einfacher »Erziehung« nicht mehr viel auszurichten. Hier muß schon mit der Peitsche, die Bestrafung aus der Distanz ermöglicht, der Gehorsam erzwungen und jede Gegenwehr bestraft und im Keim erstickt werden. Das Pferd muß jedoch bei der Bestrafung eine Fluchtmöglichkeit haben und so Gelegenheit bekommen, nachzugeben. Die kampfstarken Urtypen würden sonst zu Verbrechern, der reine Fluchttyp IV zum Panikpferd. Das Pferd soll sich der Bestrafung aber nicht durch Flucht *entziehen* können. Ideal ist hier die Longe – provozieren Sie das Fohlen zum Ungehorsam an der Longe und korrigieren Sie es dann sofort und beeindruckend. Anschließend geben Sie ihm die Gelegenheit zu gehorchen – nützt es diese, so loben Sie es überschwenglich und nehmen es damit wieder in Gnaden in die »Herde« auf.

Sie dürfen nämlich besonders ein junges Pferd nie ohne Lob für seine Unterordnung lassen. Wenn es bereit zum Gehorsam ist, dürfen Sie ihm auch diesen Gehorsam nicht unnötig erschweren. Stellen Sie vernünftige Anforderungen – verlangen sie nicht Unmögliches! Soll etwa ein kleiner Dreikäsehoch stillhalten, so fällt ihm das genauso schwer wie dem ABC-Schützen auf der Schulbank. Passen Sie also die Anforderungen dem Alter an und seien Sie mit kurzem Stillhalten zufrieden. Erleichtern Sie den jungen Pferden das ruhige, gelassene Gehorchen durch vorherige beruhigende Arbeit, bzw. durch völlige Befriedigung des Lauf- und Spielbedürfnisses. Überfordern Sie das junge Pferd, so versteht es Ihre Erziehung nicht mehr und hält alles für Schikane, die es zum Verlassen der Herde zwingen soll. Dies stünde ja besonders dem Hengstfohlen der Typen II–IV unweigerlich bevor – es rechnet damit! Entsprechend wird es auch auf die »Schikanen« reagieren. Deshalb gehört auch unbedingt die Belohnung an den Schluß jeder Erziehungsmaßnahme, die dem jungen Pferd die Gewißheit gibt, daß

Gehorsam und Vertrauen zeigt dieser Jährling – ein Geschenk, das dem Aufzüchter sicher nicht »zugeflogen« ist, sondern eines, das er sich redlich verdienen mußte!

es weiterhin geliebtes Herdenmitglied bleibt. Nicht »Leckerli« aus der Hand sind hier angebracht (diese machen Pferde nur unnötig lästig), sondern das wortreiche Lob, das Kratzen, Klopfen und Liebhaben. Davor muß jedoch unbedingt eine erfolgreiche Gehorsamsübung stehen – sonst meint das Fohlen noch, es würde für's Frechsein belohnt!

Verständigung ohne Mißverständnisse

Zu Beginn muß sich der Mensch mit dem kleinen Fohlen in der »Pferdesprache« verständigen. Diese »Sprachkenntnis« ist dem Pferd angeboren. Als glänzender Beobachter wird es jedoch schnell auch die »Menschensprache«, und zwar die unbewußten körperlichen Signale, verstehen lernen. Degeneriert, wie wir Menschen sind, nehmen wir diese untereinander nicht mehr wahr oder deuten sie gar falsch. Das Pferd mit der entsprechenden Erfahrung wird jedoch wie ein Seismograph darauf reagieren. Deshalb ist ein Pferd auch in seiner Leistung so ungeheuer abhängig von der seelischen Verfassung seines Reiters! Auch Wortbefehle wie »Fuß« – »Zurück« – »Steh« – wird es erlernen und folgerichtig anwenden können. Es wird sie jedoch nicht verstehen im Sinne eines wirklichen Verständnisses um Sinn und Notwendigkeit. Es wird sie nur befolgen. Wirklich verstehen kann es jedoch die »Pferdesprache«.

Will ein Pferd ein anderes vertreiben, gibt es sich so groß und aufgeblasen wie nur möglich (erhabener Tritt, Darbieten der Breitseite, Traversale) und imponiert entsprechend. Der Angriff erfolgt dann auf Kruppe oder Flanke. Wollen wir also das Fohlen abwehren, so machen wir uns groß und breit, indem wir die Arme ausbreiten, uns aufrichten und so auf es zugehen. Wollen wir es vertreiben – oder das Pferd später in der Arbeit »treiben«, so gilt der »Angriff« der »hinteren« Hälfte des Pferdes. Eine Kontakaufnahme erfolgt bei Pferden dagegen von vorne: in »schmalster« Silhouette gehen sie vorsichtig aufeinander zu, beriechen sich an der Nase, arbeiten sich »freundschaftlich« zum Widerrist vor, der dann gekrault wird. Intime Freunde beriechen sich nach einer Trennung auch in den Flanken und an den Geschlechtsteilen, um ganz sicher zu riechen, ob die Freundschaft noch unverbrüchlich dieselbe ist. Wollen wir ein Pferd anlocken und mit ihm arbeiten, so müssen wir uns demnach also klein und schmal machen, langsam von vorne darauf zugehen und ihm Gelegenheit geben, uns erst zu beriechen. Pferde »riechen« unsere Hormonlage, fühlen unsere Stimmung. Mit wachsender Erfahrung »riechen« sie immer genauer, was jetzt gleich von ihnen verlangt wird. Läßt man den Pferden etwas Zeit, ihre »Gefühlslage« auf die des Menschen abzustimmen, so sind sie in der Lage und meist auch willens, voll mitzumachen. Bei jedem »Hoppla-hopp« sträuben sich dagegen diesen vorsichtigen und von Natur aus ja ängstlichen Tieren regelrecht die Haare – sie verstehen nicht so schnell, und Mißverständnissen sind damit Tür und Tor geöffnet.

Auch sind von Anfang an klare, unmißverständliche Zeichen und Stimmbefehle zu geben. Diese groben Befehle werden dann im Laufe der Ausbildung zu »Hilfen« verfeinert: z. B. geht das »Treiben« mit den ausgebreiteten Armen über zum »Wink« mit der Peitsche und endet im sachten Anlegen des Peitschenschlags oder dem Schenkeldruck.

In der Pferdesprache spielt auch die stimmliche Verständigung eine große Rolle. Jede Bestrafung wird mit Brüllen eindrucksvoll untermalt, ein Quietschen begleitet die »letzte« Warnung, lautes Kontaktwiehern ruft die Gefährten, ein zärtliches »Huh-huh« versichert die Fohlen der Liebe. Während der ganzen Ausbildungszeit ist die Stimme als Hilfe noch wichtiger als die Peitsche und ersetzt diese sogar zum Teil. Dabei ist die laute, grollende Stimme gleichzusetzen mit dem »Brüllen der Bestrafung«. Die laute, schrille ist identisch mit dem warnenden Quietschen, die klare, volltönende, vokalreiche wirkt anfeuernd (Kontaktwiehern, das die Pferde in Bewegung setzt, um den Anschluß an die Herde zu halten). Die leise, tiefe Stimme endlich wirkt beruhigend, liebevoll. Dabei soll der Tonfall unterstützt werden durch klare und immer gleiche Kommandos – etwa »nein!«, »komm-komm!« oder »so ist's braaav«. Im richtigen Tonfall vorgebracht, wird das Pferd diese Worte wirklich verstehen lernen – und sicherlich ein gelegentliches »du Mistvieh!« auch. Die Stimmhilfe kann verfeinert werden bis zu einer Zungenhilfe. Mit diesem leichten Schnalzen kann man den Antritt erleichtern, bzw. den richtigen Takt beim Treten angeben.

Die optimal verfeinerte Verständigung belohnt endlich den geduldigen Reiter nach langer Ausbildung und »Feinabstimmung« sämtlicher Hilfen mit gelegentlichen Traumritten, die eine bewußte Hilfengebung überflüssig machen. In den »hohen Schulen«, gleich welchen Bekenntnisses auch immer, ist deshalb die »Unsichtbarkeit der Hilfen« auch oberstes Ziel.

Als zusätzliches Verständigungsmittel hat der Mensch »die Parade« entwickelt. Auf die Beobachtung, daß ein Pferd nur in vorgestreckter Haltung (»Nase«, Kopf, Hals) wirklich rennen kann, folgte die Beobachtung, daß ein beizäumender Druck auf den Nasenrücken sich bis zur Hinterhand hin auswirkt. Der erste Zaum war folglich ein einfaches Halfter ohne Gebiß, nur mit einem Zügel, mit ausschließlicher Einwirkung auf den Nasenrücken. Auch heute noch werden weltweit unzählige Pferde ausschließlich so gezäumt zur Arbeit oder zum Reiten benutzt.

Eine instinktive Verständigung mit dem Pferd ist über ein Gebiß nicht gegeben. Hierzu braucht das Pferd einen Lernprozeß – sein Instinkt kann mit dem »Ding da im Maul« absolut gar nichts anfangen. Das Gebiß wurde ursprünglich wohl einzig zu dem Zweck entwickelt, das Pferd »Mores« durch die Zufügung von Schmerzen zu lehren. Alle möglichen Zusatzkonstruktionen wurden dann geschaffen mit dem Ziel, die instinktive, beizäumende Wirkung des Drucks auf die Nase mit dem Zwang des Gebisses zu kombinieren (Zuschnüren des Mauls, usw). Beim Fohlen und auch am Beginn der Grundausbildung wählen wir, um mit unseren Paraden auch verstanden zu werden, ausschließlich die Einwirkung auf den Nasenrücken. Hierzu reicht das Stallhalfter in Kombination mit einer Führkette für alle, auch extreme, Situationen voll aus. Erst für das Reiten und besonders für das Fahren stellen wir das junge Pferd rechtzeitig auf die nötigen Gebisse um.

Das Pferd – ein Reflex- und Gewohnheitstier

Das Pferd ist von Natur aus allem Ungewohnten gegenüber furchtsam und skeptisch. Andererseits schickt es sich mit geradezu himmlischer Geduld in Situationen, in denen ich selbst, als temperamentvolles Exemplar der Gattung Mensch, mit Sicherheit »platzen« würde. Stellen Sie sich doch nur ein Pferd im Ständer vor: Tagaus, tagein starrt es dieselbe Stelle (möglichst noch an einer kahlen Wand) an. Seine »Abwechslung«

besteht darin, daß es dreimal am Tag Futter bekommt – und dazwischen eben fasten muß. Seine Bewegung darin, daß es mal das rechte, mal das linke Hinterbein entlastet. Oder denken Sie an ein Droschkenpferd – ehemals vielleicht kitzlig, als Fohlen unbändig lauflustig, steht es nun geduldig am Halteplatz. Behangen mit allen möglichen Leder- und Eisenteilen, darf es sich nicht fortbewegen; sich nicht kratzen, wenn es juckt; sich nicht umdrehen, wenn es einen Berufsgenossen vorbeitraben hört. Und es tut es auch nicht, obwohl kein Mensch mit Argusaugen, harter Hand und zwickender Peitsche dabei steht.

Des Rätsels Lösung: Das Pferd ist nicht nur ein Lauftier, sondern auch ein Reflex- und Gewohnheitstier. Wird beim Pferd ein angeborener oder anerzogener Reflex ausgelöst, so führt er zu immer demselben, gewohnheitsmäßigen, schematischen Ablauf. Die Reflexe sind unterschiedlich stark ausgeprägt, wobei die lustbetonten jedoch im allgemeinen den unlustbetonten, aber lebensrettenden, wie z. B. den Angstreflexen, unterlegen sind. So ist z. B. der Wälzreflex stark ausgeprägt, er wirkt sogar ansteckend auf die ganze Herde. Dennoch wird er deutlich vom Gehorsamsreflex überlagert – am allgemeinen Wälzplatz wird immer streng der Rangfolge nach »staubgebadet«. Die anderen Pferde stehen scharrend, bereits halb geduckt daneben. Es juckt sie sichtlich, doch wenn's einer wirklich nicht mehr aushält, so drängelt er sich nicht etwa vor, sondern wälzt sich an einem anderen Platz.

Bei den Lauftypen ist der Fluchtreflex in der Lage, alle anderen Reflexe zu überlagern. Bei den langsamen Typen siegt in stark bedrängter Lage der Kampfreflex. Die relativ wehrlosen, auch nicht übermäßig schnellen Urpony-Typen haben in Gefahrenmomenten den Drang, sich zur Herde zusammenzuballen (= kleben).

Dies ist gewissermaßen ein übertriebener Gehorsamsreflex. Notgedrungen haben sie jedoch dazu noch eine gewisse Schlauheit – man möchte schon fast sagen: Intelligenz – entwickelt, die es ihnen ermöglichte, vielen Gefahren von vornherein aus dem Weg zu gehen. In den bergigen Gebieten bzw. Sümpfen, in denen Urponies bzw. Tundrenponies lebten, blieben zudem alle allzu hirnlos flüchtenden Tiere baldigst auf der Strecke, und ihre Gene verschwanden mehr und mehr aus der Erbmasse.

Parallel zu ihrem Flucht- oder Kampfinstinkt entwickelten alle Urpferde, besonders aber beide Pony-Typen, gewohnheitsmäßige Vorsichtsmaßnahmen. So mieden sie etwa künftig jede »gefährliche« Stelle und gingen in einem Bogen darum herum. Erwies sich dieser neue Weg als harmlos, wurde er in Zukunft immer genommen – auch wenn die Herde nur einmal im Jahr dort durchkam. Zeigt man dem Pferd durch mehrmalige, glattverlaufende Wiederholung, daß etwas harmlos ist, wird es sich »aus Vernunftsgründen« kein abweichendes Verhalten leisten. Die Sache ist zur Gewohnheit geworden und läuft bis zum gegenteiligen Beweis nunmehr reflexartig = routinemäßig ab.

Besonders bei den »intelligenten« Ponytypen tut man gut daran, ihnen das »vernünftige Verhalten« frühzeitig und deutlich klarzumachen. Sonst sind sie durchaus in der Lage, selbst einen »sicheren Ausweg« zu finden und beharren dann hartnäckig auf ihrer – erwiesenermaßen richtigen – Variante. Tunlichst sollte man alle Fohlen, bevor sie in ihren Gewohnheiten zu stark ausgeprägt = eingefleischt sind, möglichst jung mit den Menschen und deren Gewohnheiten vertraut machen. Alle »Gleise« sollen frühzeitig in die gewünschte Richtung führen. Dann bleibt es einem erspart, einen »alten Hagestolz«, der von der absoluten Richtigkeit seines Verhaltens – bestärkt durch Millionen Jahre Evolution – nicht abweichen will, zu einer Wendung um 180° in seinen Ansichten zu bewegen. Es ist schon schwierig genug, den von klein auf erzogenen Pferden klar zu machen, daß kleine Abweichungen vom einmal erkannten »Pfad der Tugend« gefahrlos möglich sind, wenn der Mensch dies für richtig hält.

Jeder, der den Fehler begangen hat, zu oft ein und dieselbe Dressuraufgabe hintereinander durchzureiten, weiß das. Wenn bei C eine Volte kommt, dann wird hier eben in Zukunft eine Volte geritten, aus und basta! Und wenn der Mensch dazu zu dumm ist, dann muß man es ihm eben vormachen! Die Lehre daraus: Pferden ist frühzeitig durch Gewöhnung und Wiederholung klar zu machen, daß alles, was der Mensch verlangt, prinzipiell harmlos, also sicher ist. Sobald das Pferd bei einer neuen Anforderung ruhig bleibt, muß man jedoch sofort mit ständigen kleinen Abweichungen von der eben gelernten Routine eine stete Aufmerksamkeit und Bereitschaft zur Flexibilität erzwingen.

»Reflex«, »Routine«, »Gewohnheit« – dies ist gut und schön, solange alles glatt verläuft. Große Probleme treten durch diese Veranlagung jedoch sofort auf, wenn auch nur das geringste schiefgeht. Und irgendwann geht irgendwas mit Sicherheit schief! Geht die gleiche Sache etwa gar beim nächsten Mal wieder schief, gerät das Pferd möglicherweise bereits in Panik. Gelingt es ihm noch dazu, dieser »tödlichen Gefahr« durch eine ungehinderte Flucht zu entkommen, ist es möglicherweise bereits ein Tick-Pferd. Es gerät in einer bestimmten Situation, oft ausgelöst durch eine für uns nicht einmal wahrnehmbare Kleinigkeit, derart in Panik, daß es sich völlig allen Hilfen entzieht. Gelingt die Flucht, so wird der »Tick« nicht nur zur tief verwurzelten, sondern auch noch zur logischen Angewohnheit – sein Verhalten hat dem Pferd ja immerhin das Leben gerettet! Ja, der Mensch hat ihm nicht einmal beigestanden, er war ja anschließend nicht einmal mehr da, hat es gar im Stich gelassen, ihm bei der Flucht nicht den Rücken gedeckt! Das Vertrauen ist dahin.

Den Tick wieder aus der Welt zu schaffen, ist eine sehr schwierige, langwierige Aufgabe. Ist der Tick mit Losreißen verbunden, muß man bei ausgewachsenen Tieren meist damit leben lernen. Um ihn zu beseitigen, müßte man das Pferd in dieser Situation festhalten, bis es wieder klar im Kopf ist. Eine halbe bis eine ganze wildentschlossene Tonne Panik festzuhalten, kostet bei wirklich wirksamen Mitteln (Ketten o. ä.) jedoch möglicherweise Kopf und Kragen des Pferdes. Man riskiert ein gebrochenes Genick, Becken oder Bein. »Mildere« Zwangsmittel gefährden zusätzlich den Menschen. Möglicherweise ein Ausweg in dafür geeigneten Situationen (Schmied o. ä.) sind Beruhigungsmittel, evtl. die ebenfalls »einschläfernd« wirkende Nasenbremse. Jedes korrigieren »Müssen« ist aber zeitraubend, unsicher, gefährlich. Besser ist es auf jeden Fall, so gut wie möglich vorzubeugen. Dazu müssen wir den Gewohnheitsreflex – durch stete Wiederholung! – und den Gehorsamreflex – durch ständiges Fordern von Aufmerksamkeit und Gehorsam – so stark ausprägen, daß sie im Notfall alle anderen Reflexe überlagern können.

Außerdem soll man nie leichtsinnig etwas »riskieren«, nach dem Motto: Ach, es wird schon schiefgehen. Beim Pferd kann man sich Leichtsinn nicht leisten. In fünf Minuten kann man verderben, was man vielleicht in fünf Jahren nicht wieder in Ordnung bringen kann. Zusätzlich muß man unbedingt vermeiden, daß sich »Gedanken-Verbindungen« zu regelrechten »Tick-Ketten« aufbauen. Deshalb sollte man jeden Erziehungs- oder Ausbildungsschritt völlig unabhängig vom nächsten erst grundlegend festigen, bevor man mehrere Ausbildungsschritte miteinander verbindet.

Die Taktik der kleinen Schritte

Unterteilt man die Erziehung und Ausbildung in möglichst viele, kleine Schritte, die man einzeln übt und vollkommen festigt, beginnen die Pferde darauf reflexartig zu reagieren. Ihr Pferdeverstand bringt in Zukunft andere, neue Ausbildungsschritte nicht mehr mit diesen reflexartig vertieften in gedankliche Verbindung. Ein fast komisch anmutendes Beispiel, wie der Pferdeverstand in dieser Hinsicht funktioniert, erlebten wir bereits ziemlich am Anfang unserer Züchterlaufbahn.

Wir hatten mehrere Mutterstuten mit ihren bereits gut erzogenen Fohlen auf weit entfernte Sommerweiden gebracht. Dort konnte ich nur alle zwei bis drei Tage nach dem Rechten sehen, und durch die Unabhängigkeit und Freiheit, die sie jetzt genossen, begannen die Pferde bald ein wenig zu verwildern. Nach sechs Wochen sollten die Fohlen gebrannt werden. Eine junge Mutterstute hatte das Geräusch des Gas-Brenners und den Rauchgestank von der vorjährigen Stutbuchaufnahme her offensichtlich noch in unangenehmer Erinnerung. Sobald wir uns ihrem Fohlen in »verräterischer Absicht« näherten, warnte sie es wildschnaubend und trieb es zur Flucht. Das unvermeidliche »Fangen« auf der zwei Hektar großen Weide, das gewaltsame Festhalten und Brennen hatte zur Folge, daß sich das Fohlen danach nicht mehr greifen lassen wollte. Rief man dem sich entziehenden Fohlen jedoch energisch »gib Fuß!« zu, so blieb es sofort stehen und hob entgegenkommend das erste Bein. Daß es danach auch »gefan-

Ein kleiner Protest, ein »nein« ist dem Fohlen schon mal erlaubt, wenn es etwas nicht verstanden hat.

gen« war, ging ihm nie auf – mit dem Brennen hatte es aber sicher nichts zu tun, denn das hatte ja nicht mit »Fußgeben« begonnen.

Baut man die Erziehung und Ausbildung aus lauter solchen reflexartig gefestigten »Bausteinen« schrittweise auf, so hat man die Gewähr, daß sich keine regelrechten Panik-Ketten bilden können. Man hat darüberhinaus aber auch jederzeit eine gesicherte »Rückzugsstellung«, wenn ein neuer Ausbildungsschritt zu sehr an den Nerven des jungen Pferdes knabbert. Zurück auf vertrautem Boden wird sich das Fohlen schnell beruhigen: »Was soll ich? Ach *das* ist ja Schnee von gestern – das kenn ich, und das kann ich auch!« Das folgende, verdiente Lob tut ein Übriges: Das Vertrauen in die eigene Fähigkeit, mit den Anforderungen fertig zu werden, ist sofort wieder hergestellt, und die Arbeitsfreude bleibt erhalten.

Aus dieser »sicheren Stellung« heraus kann man dann leicht wieder Vorstöße ins Neuland wagen, die das junge Pferd von Mal zu Mal gelassener mitmacht. So wird dann langsam, aber sicher Boden gewonnen – und was langsam, aber gründlich erlernt wurde, sitzt beim Pferd dann auch. Immer langsam mit den jungen Pferden! Die heutige Sprache ist noch übervoll von »Pferdesprichwörtern«. Und in allen steckt ein tiefer Sinn.

Mit Zuckerbrot und Peitsche?

Ein erfolgreicher Ausbilder muß zugleich glänzender Beobachter, gewiefter Taktiker, Stratege und Diplomat sein. Er weiß auch, daß es »das Pferd« nicht gibt, daß man deshalb nicht nach Schema F erziehen kann. Was für das eine richtig ist, ist für das andere vielleicht grundverkehrt. Gerade bei den schwierigsten Pferden ist der direkte Weg mit dem Kopf durch die Wand nicht der kürzeste. Der gute Ausbilder wird sich deshalb immer wieder fragen: Wie sag ich's am besten meinem Kinde? Ganz genau weiß er auch, daß ein vor lauter Angst total verspanntes Pferd nichts lernen kann – im Gegenteil, daß dies, solange die Muskeln bretthart in Abwehrspannung sind, jeden Peitschenschlag, ja jede leichte Berührung als Schmerz empfindet. Denken Sie nur an die Spritze in die Pobacke beim Arzt! Und als guter Ausbilder wird er einen Weg finden, dieses Pferd zu beruhigen und zur Mitarbeit zu bringen. Genau, wie er weiß, ob und wie lange er bei einem anderen die »Zügel schleifen lassen« kann, wann dann eine warnende Parade angebracht ist oder es gar einiger blitzschneller, genauer und harter Peitschenschläge bedarf.

Der Mensch hat dem Pferd gegenüber nur einen einzigen Vorteil: Seinen Verstand! Diesen soll er denn auch als Hauptwaffe benutzen. Kann er einem Pferd die schwache Seite abgewinnen, so wäre er töricht, wenn er ausschließlich den starken Mann markieren würde. Ein Fußballstürmer schlägt den Verteidiger, der sich ihm in den Weg stellt, ja auch nicht k.o. – er trickst ihn aus oder spielt ihn schwindlig! Gerade zu Beginn der eigentlichen Ausbildung lohnt es sich oft, etwas diplomatisch vorzugehen – wie bei der Erziehung eines Münchner Dackels. Hat man beispielsweise ein junges Pferd, das nicht Schritt gehen kann, weil es einfach zu nervig ist, so fordert man den Trab (möglichst blitzschnell noch vorher). Selbst das dümmste Pferd sieht mit einiger Übung im Umgang mit der Menschensprache bald ein, daß »Terrab!« identisch ist mit dem, was es gerade macht. Und so freut es sich, wie sehr seine Gefühle mit denen des Menschen übereinstimmen – der will ja immer, daß er genau das tut, was ihm gerade am

liebsten ist! Und da das Pferd ja ein Reflex- und Gewohnheitstier ist, dauert es nicht lange, bis ihm auch das »Scherritt« oder »Haalt« so in die Knochen fährt, daß es überzeugt ist, auch dies sei immer sein ureigenster Wunsch. Neue Reflexe sind gebildet worden. Man muß nur die Geduld haben, günstige Gelegenheiten abzuwarten!

Die absolute »Willigkeit«, die wir von den wirklich rittigen Pferden und mehr noch von den besten, »vollautomatisch« gehenden Fahrpferden kennen, beruht tatsächlich auf einem Irrtum. Diese Pferde meinen, ihnen schaffe niemand was an, es ginge alles nach ihrem Kopf. Tatsächlich geht es jedoch nicht nach ihrem Kopf – sondern nach ihrem hochtrainierten Reflex-System.

Immer wird Diplomatie alleine jedoch nicht ausreichen. Genügen auch Paraden nicht, so wird es gelegentlich unumgänglich sein, die Peitsche mehr oder minder nachdrücklich einzusetzen. Nach jedem Einsatz der Peitsche muß man jedoch dem jungen Pferd unbedingt klar machen, daß man es dennoch »liebt«. Sonst wird die Peitsche schließlich so gefürchtet, daß die in der Ausbildung unersetzliche Peitschenhilfe als Bestrafung mißdeutet wird. Läßt man es zu so einem Mißverständnis kommen, so tragen sich die jungen Pferde entweder mit Auswanderungsgedanken – wenn man mich hier nicht will, dann geh' ich lieber –, sind am Boden zerstört oder werden gar böse.

Beim Anlongieren wird die Peitschenhilfe am schnellsten vom Araber-Typ befolgt – er flüchtet von alleine so schnell und so weit weg wie möglich (also hinaus »ans Gebiß« und auf den Zirkel). Auch der Urpony-Typ macht wenig Schwierigkeiten: Er braucht zwar wesentlich derbere Hilfen, bis er kapiert, daß er nicht an »seinem Menschen« klebenbleiben darf, hat jedoch wenigstens mittlere Gehlust, die ihn schließlich doch recht schnell vorwärts bringt und vor allem – er nimmt die burschikose Behandlung niemals übel! Das Urpony beiderlei Geschlechts durfte ja schließlich auch lebenslang in der Herde bleiben – da löst so ein bißchen Neckerei nicht gleich Existenzangst aus. Schlimm wird's jedoch, wenn man ein junges Pferd anlongiert, in dem sich die Gereiztheit des Typs III mit Kampfkraft und mangelnder Gehlust des Typs II gepaart haben.

Dieses junge Pferd kapiert gar nicht, was überhaupt los ist, und es kämpft in seinem Elend erst allein gegen die Longe. Es würde sich am liebsten in den Boden eingraben, um dieses blöde Ding loszuwerden, weicht aber nicht im geringsten der Peitsche. Denkt man dann: »Der spürt die Peitsche ja gar nicht« und schlägt immer fester zu, so reagiert das junge Pferd über kurz oder lang tief beleidigt und wird, wenn man nicht ganz schnell die Taktik anpaßt, starrsinnig bis zur Weißglut – und rachsüchtig. Es hat nicht verstanden, um was es geht, und denkt, es soll aus der Herde vertrieben werden. Und davor macht man sich noch einen Spaß mit ihm und schikaniert ihn extra! Sonst hätte man ihn ja laufen lassen und würde ihn nicht noch mit der Longe festhalten. Dieser Typ Pferd ist »schuld«, daß empfohlen wird, »das Pferd« von einem Helfer auf dem Zirkel führen zu lassen – wenn nötig wochenlang. Für diesen Typ hat man den »Lehrmeister«, das »Führpferd« in der Fahr- und Reitausbildung eingeführt.

Zu dumm – zu stur – zu kampfstark – zu faul um zu arbeiten, sind diese Typen in der Ausbildung die problematischsten. Arbeiten sie jedoch endlich, sind sie die besten Pferde! Sie kämpfen nämlich bei der Arbeit genauso gut und kneifen nie. Das Pony Typ I ist lange nicht so »hart«, es ist ja viel zu brav und kämpft eben nicht. Der Araber hätte die Härte – dafür weicht er aber genauso perfekt wie der

Peitsche auch jeder wirklichen oder eingebildeten Gefahr aus und ist schwer scheufest zu kriegen.

Um Typ II/III zu überzeugen, ist mehr als nur brutale Gewalt nötig. Da muß der Mensch mit Schlauheit und Geduld agieren. Gott sei Dank geht bei dem futterneidischen Typ III noch mehr als bei den anderen die Liebe durch den Magen. Er ist sehr empfänglich für Bestechung und zeigt sich, wenn man zum Futter noch eine Portion Liebe dazugibt, doch noch versöhnungsbereit. Grundsätzlich soll aber bei allen Pferdetypen die getane Arbeit einen »guten Nachgeschmack« hinterlassen. Deshalb stellt man die jungen Pferde nach der Arbeit nicht gleichgültig einfach weg. Am besten wartet man sie liebevoll ab, lockert das verklebte Fell, wäscht ihnen die Beine und lobt sie auf jeden Fall tüchtig. Und dann stellt man das junge Pferd vor eine gutgefüllte Krippe, die es ganz für sich alleine hat. Stellen Sie sich das Gefühl vor, wenn es anschließend zu seinen »Kumpels« zurückgebracht wird: Sich im Wohlgefühl des Erfolgs sonnend, nach Hafer duftend! Da werden alle anderen neidisch und möchten unbedingt auch arbeiten dürfen!

Nachdem ich mehrmals zwei dreijährige Stuten im Laufstall aufgeschirrt hatte und diese derart strahlend zurückgekehrt waren, nagelte mich eine zweijährige Stute mitsamt Brustblatt-Geschirr fest und schlüpfte perfekt und geschmeidig in das Geschirr hinein. So unkompliziert wird wohl selten ein junges Pferd zum ersten Mal aufgeschirrt. Auch wenn Sie es mir nicht glauben: Dies ist wirklich kein Fahrer-Latein! Allerdings hatte diese junge Dame einen wirklich umwerfenden und perfekt menschenfreundlichen Charakter. Auch heute noch, fünf Jahre später, zeigt sie denselben unermüdlichen Arbeitseifer und eine nie erlahmende Willigkeit.

Bei schwierigen Pferden muß man sich dagegen schon selbst helfen. Während man nach der besten Möglichkeit sucht, sich mit dem Pferd zu arrangieren, darf man sich natürlich aber auch nicht einschüchtern oder gar ins Bockshorn jagen lassen! Einzig wichtig ist im Endeffekt, daß man sich mit dem Pferd wirklich einig wird, ob mit Zuckerbrot oder Peitsche oder beidem ist dann egal. Als ich noch berufstätig war, besaß ich u. a. ein gutes, jedoch sehr eigenwilliges Pferd. Noch dazu Hengst, hätte er seinem Naturell nach täglich sechs Stunden abwechslungsreiche Arbeit gebraucht. Soviel Zeit konnte ich unter der Woche nicht erübrigen. Von Montag bis Freitag wurde er deshalb zunehmend unmöglicher, bis ich mir das beim besten Willen nicht mehr bieten lassen konnte. So bezog er regelmäßig seine Freitag-Abend-Prügel. Das Lustige dabei war: Er nahm diese Dresche nie auch nur im geringsten krumm – im Gegenteil, er warf mir sogar danach einen anerkennenen Blick zu: »Na, du bist ja doch nicht so übel – vielleicht wird doch noch mal ein ganzer Kerl aus dir!« Sieh da, sieh da – es war also doch ein guter Kern = Urpony-Blut in diesem Dickschädel. Anschließend war er dann von einer Willigkeit, die mich geradezu überwältigte, da ich ihn ja so gut kannte!

Der Grundstein:
Die Erziehung

Die Manieren

Die gute Kinderstube

Erzieht man das Fohlen vom ersten Tag an – wie in dem Buch »Fohlen« beschrieben – so kommt ihm nie zu Bewußtsein, daß der Mensch unnatürliche Dinge mit ihm treibt. Es hält den Menschen für einen Herdengenossen, und Füße Aufhalten, Halfter Aufsetzen und was auch immer betrachtet das Fohlen als vergnügliches Spiel. Je eher der Mensch dabei in den Gesichtskreis des Fohlens tritt, um so günstiger ist es. Alles Lebendige, was ein Fohlen in der ersten Lebensstunde erblickt und riecht, ist logischerweise »Herde«. Mit seinen ersten Schritten muß das Fohlen lernen, die Beine über Geländeunebenheiten wegzuheben –, ganz federleicht und wie von selbst hält es auf leisestes Antippen auch »auf«. Unschuldig und begeistert »krault« es mit dem Menschen bereits »Fell«. Sein Leben lang – oder zumindest bis zum gegenteiligen Beweis – wird dieses Fohlen alles, was der Mensch mit ihm treibt, für richtig und harmlos halten.

Wird dasselbe Fohlen jedoch auf der Weide geboren und ist bereits über zwei Stunden alt, wenn es zum ersten Mal einen Menschen sieht, so muß dieser schon ganz schön flink sein, um es überhaupt noch zu erwischen. Jetzt sind auch seine »Fluchttier-Reflexe« schon erwacht. Warnt nun gar die Mutter: »Achtung – fleischfressendes Wesen!«, so wird eben gerannt. Und von wegen in die Beine beißen lassen – so dämlich kann ja wohl kein Fohlen sein, daß es da stillhält... Je älter das Fohlen beim ersten

echten Kontakt mit dem Menschen ist, um so mehr muß es »gezähmt« werden, bevor man es erziehen kann. Macht man bei einem halbjährigen unangefaßten Fohlen dann zu schnell, überrumpelt es gewaltsam und fügt ihm gar anschließend noch Schmerzen zu (z. B. Brennen), so behält es möglicherweise sein Leben lang ein tiefes Mißtrauen gegen die Menschen.

Ist man vorsichtig und geduldig, so duldet so ein besonders mutiges und leutseliges Fohlen das Halfter vielleicht schon nach vier Tagen, während ein besonders ängstliches Fohlen nach zwei Wochen die Hand noch nicht einmal erträgt. Mit solchen Fohlen sollte man sich dann wirklich liebevoll beschäftigen, und zwar über mehrere Monate hinweg. Sonst ist die »Tünche« schnell wieder abgeblättert. Auch die Erziehung muß wirklich hundertprozentig sitzen, sonst wird Ihnen das Fohlen immer wieder unangenehme Überraschungen bereiten. Sicher wird auch das gründlich erzogene Fohlen mal ein wenig lustig werden, nach halbjähriger Sommerweide etwas verwildert sein, aber es hat bestimmt nichts von dem vergessen, was es gelernt hat. Ist die Erziehung Ihres jungen Pferdes noch mangel- oder lückenhaft, so müssen Sie so lange regelmäßig – täglich! – mit ihm arbeiten, bis Sie überzeugt sind, daß das Gelernte auch wirklich gründlich sitzt. Mit den kleinen Problemen, die sich dabei ergeben, beschäftigen sich die nächsten Seiten.

Fangen lassen und Aufhalftern

Auch das bereits erzogene oder gar schon ausgebildete Pferd wird sich manchmal nicht fangen lassen wollen. Die Gründe hierfür können vielfältig sein. So ist das Fohlen vielleicht nur »verwildert« – etwa nach langer Selbständigkeit auf der Weide, ohne gefüttert und angefaßt zu werden. Hier reicht es – gute Erziehung vorausgesetzt – meist aus, wenn man dem Fohlen Zeit läßt, sich an den Gedanken zu gewöhnen. Beschäftigt man sich ruhig in der Koppel, so kommt das schüchterne, aber gutartige Fohlen meist nach kurzer Zeit von selbst und legt einem den Kopf auf die Schulter. Krault man es nun ein wenig, spricht ruhig mit ihn, so kann man – langsam! – das Halfter wieder erscheinen lassen und ihm überstreifen. Ein nicht ganz so gutwilliges Fohlen wird man vielleicht eifersüchtig machen können, indem man andere Fohlen krault oder gar füttert. Ist das Fohlen noch unwilliger – etwa auch durch vorangegangene »schlechte« Erfahrungen, wie zu harte Arbeit, zu hartes Anpacken, so muß man sich schon etwas mehr einfallen lassen und unter Umständen auch zu zweit sein.

So kann man etwa sämtliche anderen Pferde aufhalftern und außerhalb der Koppel anbinden. Möglicherweise erschreckt dies das Fohlen gerade so, daß es den Kopf freiwillig ins Halfter steckt, wenn man es durch einen kleinen Spalt am Koppeltor hält. Tigert das Fohlen jedoch nur nervig umher, so muß man mit seinem »besten Freund« wieder in die Koppel. Mit Hilfe einer zweiten Person klemmt man dann das Fohlen durch langsames, vorsichtiges Treiben so zwischen Zaunecke und »Freund« ein, daß es nicht mehr auskann. Hierzu muß es »wie eingespannt« zwischen Freund und Zaun stehen.

Nach vorsichtigem Dirigieren – wobei der Helfer die beiden Pferde von hinten am Zurücktreten hindert – schafft man es, daß beide mit der Kruppe am Querzaun anstehen. Während eine Person das Hilfspferd am Wegtreten hindert, kann die zweite nun das eingeklemmte Fohlen vorsichtig von vorne aufhalftern. Schafft man auch das nicht, oder hat keinen Helfer, so wird's langsam brenzlig. Sie können ja eine Stunde verschwinden und

dann vorsichtig wieder nachfragen, ob das mißtrauische Fohlen inzwischen wieder Besuch empfängt. Oder Sie füttern vor seinen Augen ein anderes Pferd mit Hafer und legen oder halten ihm dabei Hafer mit Beruhigungsmittel hin.

Ist der – oder ein – Stall in erreichbarer Nähe, so ist es natürlich einfacher, das Fohlen frei hinter einem Führpferd dorthinein nachlaufen zu lassen (Achtung, nötigenfalls muß der Straßenverkehr abgesichert werden!). In einer nicht zu großen Box sollte sich jedes bereits einigermaßen an's Aufhalftern gewöhnte Pferd mit weit ausgebreiteten Armen und ruhigen, »hypnotisierenden« Bewegungen unter gutem Zureden in einem Eck stellen und »anziehen« lassen. Zur Not muß – vor allem, wenn man nicht sicher ist, ob das Fohlen schlägt – wieder das Führpferd mithelfen.

Einem Fohlen, das noch nie aufgehalftert war, kann man zwar – wenn es wirklich pressiert – mit Gewalt oder List, mit Helfern oder mit Führpferd, ebenfalls in einer kleinen Box oder einer Stallecke das Halfter aufsetzen. Jedoch muß man dann streng darauf achten, daß es nicht sofort am Halfter festgehalten oder gar angebunden wird. Erst wenn es ans Halfter etwas gewöhnt ist und nie im unmittelbaren Zusammenhang mit dem Aufhalftern, kann man mit kurzem »nachgebenden« Festhalten, leichtem Dirigieren und endlich Anbinden fortfahren.

Besser im Sinne einer Vertrauensbildung zwischen Mensch und Pferd ist es aber sicher, zu warten, bis sich das Fohlen freiwillig aufhalftern läßt. Hierzu »zähmt« man das Fohlen, das heißt, man nimmt ihm seine Berührungsangst. Erst sucht man das scheue Fohlen so häufig wie möglich und wie unabsichtlich leicht zu berühren. Läuft es etwa zum Auslauf, läßt man es an der Hand entlangstreifen. Sicher gedeckt durch ein anderes Pferd oder den Hafereimer, wird es sich kurz berühren lassen, oder gar schon an der Hand riechen. Bleibt man eine Zeitlang ruhig in der Box und sind die Boxennachbarn ebenfalls ruhig, kann man weitere Vorstöße unternehmen, ja sogar etwas mit seiner Neugier rechnen.

Meist haben die Fohlen vor Berührungen des Kopfes besondere Angst – jeder »Angriff« auf Auge oder Ohr erschreckt sie deshalb. An Halsansatz oder Widerrist lassen sie sich jedoch relativ bald berühren und vielleicht auch schon kraulen. Hat man das Vertrauen des Fohlens so weit gewonnen, kann man einen Halsriemen zum »Beriechen« mitbringen und dann vorsichtig um den Halsansatz (wie ein Kumt) legen und schließen. Täglich schiebt man dann den Halsriemen weiter nach oben, bis er seine normale Lage hat. Nun kann man anfangen, das Fohlen kurz daran festzuhalten und ihm dann auch das Halfter mitbringen. Für den ersten Versuch legt man das Halfter so zusammen, daß es einen Nasenring bildet und möglichst harmlos aussieht. Diesen Nasenring legt man dann ein paarmal erst locker um die Nase, dirigiert dann – ohne in die Nähe der Augen zu kommen – leicht ein wenig die Nase hin und her. Nun wird es nicht mehr lange dauern, und das Fohlen wird völlig ruhig bleiben und sich das Nackenstück umlegen und schließen lassen. Leicht am Halfter oder Halsriemen festgehalten, kann man es nun schon vorsichtig am Kopf berühren. Bald wird es, wenn man keine schnelle Bewegung macht, auch das Überstreifen eines zweiten Halfters an Auge und Ohr vorbei dulden. Dieses zweite Halfter soll man dann mehrmals hintereinander auf- und absetzen. Wird das Fohlen dabei wirklich doch nervös, so ist nichts verloren, es trägt ja noch das andere Halfter, evtl. auch noch einen Halsriemen.

Erschreckt man das Fohlen nicht, lobt es, schüttet ihm Futter vor, so wird es bald ans Aufhalftern gewöhnt sein. Sobald man sich sicher ist, das Fohlen in einer ruhigen Situation aufhalftern zu können, sollte es weder Stallhalfter noch Halsriemen mehr unnötig tragen. Jedes Hängenbleiben würde nicht nur eine lebensgefährliche Situation hervorrufen, sondern auch möglicherweise das spätere sichere Anbinden gefährden.

Halten und Anbinden

Solange sich das Pferd nicht anbinden oder wenigstens halten läßt, kann es sich jederzeit der Einwirkung entziehen. Je öfter es ihm gelingt, einfach zu verschwinden, desto mehr wird es auch den Respekt vor den Menschen verlieren. Unter dieser Voraussetzung sind Gehorsam und Vertrauen – die Grundvoraussetzungen für jede weitere Erziehung – nicht aufrechtzuerhalten. Solange sich das Pferd nicht sicher halten läßt, ist auch jede genaue Untersuchung und erst recht eine ärztliche Behandlung unmöglich. Neugeborene Fohlen vermag der Mensch noch »freihändig« zu halten. Schnell wächst ihm jedoch das Fohlen über den Kopf. Mit wachsendem Geschick und wachsender Masse ist ihm das Fohlen an körperlichen Kräften bald haushoch überlegen.

Führt man das Fohlen von klein auf, so wird es nie versuchen, ernsthaft gegen den Strick zu kämpfen. Das Anbinden des ein bis zwei Monate alten Fohlens neben der Mutter gelingt dann auch in der Regel völlig problemlos. Hat man jedoch die Erziehung vom ersten Tag an versäumt, so darf man nicht leichtsinnig sein und muß dem Fohlen – und erst recht dem noch unausgebildeten, bereits abgesetzten »Wildling« – jede Chance nehmen, sich losreißen zu können. Das sichere Führen oder auch Festhalten gelingt auch mit Führkette nicht mehr, wenn das Fohlen fest entschlossen oder gar in Panik handelt – und dabei das Gewicht des Menschen bereits um ein mehrfaches übersteigt! Hierfür ist es nötig, ihm erst die Überzeugung einzuimpfen, daß der Strick stärker ist als ein Pferd. Erst dann wird sich in seinem Kopf auch die Überzeugung bilden: Mensch ı Strick = stärker als ein Pferd.

Binden wir das Pferd jedoch dazu einfach kurzerhand an, so bekommt es zwar vielleicht einen gewaltigen Respekt – aber nur, wenn weder der Strick reißt, noch Halfter oder Anbindering nachgeben. Und einen Nutzen haben Sie von dieser Roßkur auch nur, wenn das Pferd die Prozedur unverletzt übersteht. Gelingt es dem Pferd einmal, sich in Panik loszureißen, wird es beim nächsten Mal gewiß nicht weniger Energie einsetzen. Gelingt es ihm ein zweites Mal, ist daraus bereits Gewohnheit geworden. Nun braucht es als Anlaß schon gar keine Panik mehr, und Sie dürfen sich nicht wundern, wenn dieses Pferd Ihnen auch gelegentlich von der Hand »abhanden« kommt. Um also nicht Gefahr zu laufen, das Pferd ein für allemal zu verderben, müssen wir es so gut wie möglich auf das Anbinden vorbereiten. Hierzu müssen wir dem jungen Pferd als erstes zeigen, daß sein Körper die Möglichkeiten hat, auf Druck wie auf Zug nachzugeben.

Zuerst dirigieren wir, während wir mit ihm schmusen, spielerisch Kopf und Hals hin und her, indem wir mit einer Hand auf den Nasenrücken leichten Druck ausüben. Läßt es sich durch den beizäumenden Druck auf den Nasenrücken sowie leichtes »Schubsen« an Brust und Schulter zum Rückwärts- und Seitwärtstreten veranlassen, so wiederholen wir diese Übungen in einer nicht zu großen Box, wo es sich nicht mehr völlig entziehen kann. Hier ersetzen wir die beizäumende Wirkung der Hand durch Halfter und Strick. Dabei darf vor dem ersten Anbinden der Strick – wie auch *immer* beim Anbinden!!! – nur unten am Stallhalfter eingehängt werden, und kein Strick und schon gar keine Kette darf im Maul, unter dem Kinn oder über der Nase liegen (Panikgefahr!). Als letztes – weil schwierigstes – zeigen wir ihm auch, daß es einem Zug von vorne durch Vortreten nachgeben kann. Hierzu wenden wir gerade soviel Zug auf, daß das Fohlen noch nicht dagegen anzukämpfen beginnt und, wenn möglich, mit dem Hals ein wenig nachgibt. Nun läßt man ihm mit passiver Hand Zeit, genau zu überlegen, was eigentlich los ist. Dann »lockt« man es nach vorne (durch gutes Zureden und ein Büschelchen Löwenzahn, mit Hilfe des Hafereimers...), wobei die Hand beim geringsten Vortreten sofort aufhört, Zug auszuüben. Dies wiederholt man so lange, bis das Fohlen bereits auf ein Zupfen und »komm« vortritt.

Alle Fohlen brauchen dann für das erste Anbinden ein wirklich stabiles Halfter. Bei schon schwereren Tieren reicht selbst dies möglicherweise nicht aus. Für diese Pferde muß man sich eine Kombination aus Halfter und Halsriemen basteln, die den Zug gleichmäßig verteilt aufnehmen kann. Als Ort für das erste Anbinden wählt man eine rutschfest und weich eingestreute Box (am besten dieselbe, in der schon geübt wurde). Das Pferd darf auf keinen Fall rutschen und muß notfalls weich fallen. Vor dem Kopf des Pferdes muß etwas höchst Interessantes sein: immer eine gefüllte Futterkrippe, evtl. auch ein ruhiger »Kumpel«. Hinter dem Pferd darf nicht grenzenlose Weite sein! Falls man den Strick von Hand nachläßt, soll das Fohlen mit der Kruppe an der Boxenwand anprallen und möglichst gleich wieder vorspringen.

Stricke braucht man zwei: Einen festen Anbindestrick mit funktionierendem Panikhaken und einen zweiten, damit das Fohlen nicht frei ist, wenn der Panikhaken geöffnet werden muß. Ein Pferd, das möglicherweise trotz der sorgfältigen Vorbereitung in Panik geraten wird (Abkömmlinge des Urarabers, Pferde mit schlechten Erfahrungen), kann man noch mit Hilfe einer gleitenden Anbindung (Strick zweimal um den Anbindering geschlungen) per Hand an langsam stärker werdenden Zug gewöhnen. Sobald das Fohlen vorwärts springt, muß der Strick wieder verkürzt, darf dabei aber nicht wieder gestrammt werden. So kann man ihm langsam den Freiraum einengen. Sobald das Pferd fest angebunden ist, muß man ruhig Blut bewahren. Es darf ruhig zappeln, auch mal hinfallen. Stürzt man dann jedoch aufgeregt auf das Fohlen zu und zerrt in wohlmeinender, jedoch falscher Absicht auch noch am Halfter herum, erschreckt man es nur noch zusätzlich, und es will noch weiter zurück. Nur falls das Fohlen so unglücklich liegt, daß es nicht mehr aufstehen kann, oder falls ernsthaft Gefahr droht, öffnet man den Panikhaken, bindet jedoch das aufgesprungene Fohlen unter allen Umständen sofort wieder an.

Für das erste Anbinden muß man sich Zeit nehmen und darf auf keinen Fall aufgeben. Das Fohlen darf erst entlassen werden, wenn es völlig ruhig ist und schon mehrmals durch selbsttätiges Vortreten bewußt die Zugentlastung vorgenommen hat. Das Anbinden ist unter sicheren Bedingungen häufig zu üben, wobei man das junge Pferd noch längere Zeit nicht unbeaufsichtigt stehen läßt. Will man es erstmals ohne menschliche Aufsicht lassen, muß unbedingt ein – möglichst befreundetes und ruhiges – Pferd daneben angebunden sein.

Ist das junge Pferd völlig sicher beim Anbinden, respektiert es natürlich auch den Strick zum Halten und Führen. Dafür kann – und soll! – jetzt die Führkette eingesetzt werden. Man läßt das Pferd selbst entscheiden, worauf es lieber reagiert: Lauflustige Pferde haben meist die Kette über dem Nasenrücken lieber, faule gehen besser mit der untenherum als

Kinnkette eingezogenen Führkette. Nur unten eingehängt zu führen oder zu halten, ist bei einem jungen, lebenssprühenden Fohlen entschieden zu leichtsinnig. »Schläft« man einmal, wenn sich das Fohlen schreckt oder übermütig wird, ist es mit Sicherheit weg. Mit weicher, einfühlsamer und nachgebender Hand und richtig eingehängter Führkette ist das ausgebildete Fohlen jedoch jetzt sicher zu halten.

In allen neuen oder gefährlichen Situationen, die man dem Fohlen zumuten muß, darf es übrigens auf keinen Fall angebunden sein. In einer erschreckenden Situation droht auch beim gut ausgebildeten Pferd – da es in diesem Moment ganz auf das Anbinden vergißt – ein plötzliches panisches Wegspringen, das jede starre Anbindung zerreißen oder äußerst gefährliche Momente hervorrufen kann. In solchen Situationen (z. B. Injektion durch den Tierarzt, Abspritzen mit dem Wasserschlauch, erstes Ausschneiden der Hufe) muß das Pferd unbedingt von einer Person seines Vertrauens gehalten werden. Die gefühlvolle, weich parierende Hand nimmt rechtzeitig Kontakt mit dem Fohlen auf, erinnert das Fohlen dadurch an den Strick und lenkt die Aufmerksamkeit von der Gefahr ab. Weiches Nachgeben, bis die erste Aufregung vorbei ist, und weiteres, liebevolles Ablenken am Kopf machen die Situation schnell harmlos.

Daß es im besten Falle eine langwierige Angelegenheit ist, einen einmal entstandenen Anbinde-Trick zu beseitigen, soll Ihnen folgendes Erlebnis verdeutlichen. Wir hatten eine dreijährige Stute gekauft, die bereits eingefahren und angeritten war. Als ich sie zum erstenmal am Koppelzaun anband und weggehen wollte, wäre ich um ein Haar schwer verunglückt. Ich war anschließend völlig durcheinander und konnte fast nicht glauben, was passiert war: Die Stute hatte sich einfach rückwärts »mit Anlauf« umfallen lassen! Das war das Allerletzte, auf das ich gefaßt gewesen wäre – wir hatten die Stute nämlich aus einem Anbindestand gekauft, den sie seit zwei Jahren bewohnte! Diese Stute war sehr »guckig«. Aus dieser Eigenschaft, glaube ich, muß wohl ihr Anbindetick entstanden sein. Im Freien, wo es viel zu sehen gab, bzw. in Situationen, in den sie aufgeregt war, merkte sie meiner Ansicht nach nämlich überhaupt nicht, daß sie angebunden wurde. Trat der Mensch dann weg, so wollte sie ihm folgen und geriet dann in Panik, wenn sie unverhofft einen plötzlichen Ruck erhielt. Wir konnten den Tick erfolgreich abbauen – allerdings war die Stute bereits sieben Jahre alt, als sie zum letzten Male rückwärts aus einem Pferdehänger purzelte. Wie viele Halfter sie jedoch in der Zwischenzeit zerriß! Und immer wieder einmal war ein Ferienkind zu vergeßlich – oder nicht »abergläubisch« genug – um vor dem Wegtreten feierlich dreimal am Anbindestrick zu rütteln und dabei zu sagen: »Du bist angebunden – du bist angebunden – du bist ganz fest angebunden!«

Das Führen

– am Zügel – Sowohl im Straßenverkehr wie auch auf Schauen muß in Deutschland das Pferd immer rechts vom Führenden gehen. Richtig geführt geht das Pferd zudem »am Zügel«, das heißt, in Anlehnung. Kann man es sich auch leisten, der behäbigen, alten Mutterstute die Führleine durchhängen und die betagte Dame hinterher schlurfen zu lassen, so sollte man dennoch das – doch hoffentlich frische und muntere! – Fohlen nicht mit seiner Mama über einen Kamm scheren. Man könnte es nämlich bereuen. Überdies dient das Führen bestens der Ausbildung und stellt eine ständige Schulung von Gehorsam und Ver-

So wird die Führkette richtig eingeschnallt.

trauen dar. Geht der Führende, wie es richtig ist, auf Schulterhöhe des Fohlens und nimmt dieses weich und vertrauensvoll leichte Anlehnung an die Führkette, die über der Nase oder unter dem Kinn liegt, so ist dieses Führen schon fast mit einem »Fahren« zu vergleichen. Das Fohlen hat ständig »Kontakt« über die Anlehnung und fühlt sich sicher. Der Mensch hat zu dem »Gefühl« auch noch »Einsicht« in die Gemütslage des Pferdes, da Ohrenspiel und Kopfhaltung in seinem Blickfeld sind.

Das Führen am Zügel klappt von Anfang an gut, wenn bei der Ausbildung ein Führpferd benutzt wurde. Am eifrigsten läuft das Fohlen natürlich der Mama nach! Bei jungen Pferden, die nicht eifrig genug vorwärtsgehen, unterstützt man den Vorwärtsdrang mit der Gerte oder Peitsche. Eine Fahr- oder Longierpeitsche, die man in der linken Hand schräg abwärts hinter dem Körper hält, beflügelt das faule Fohlen. Da es mit den kitzligen Fesseln an die nachschleppende Peitschenschnur stößt, tritt es entsprechend eifrig vorwärts. Hat es kapiert, was es soll, so kann man die lange Peitsche durch eine Dressurgerte ersetzen, die »Schlafmützen« wenigstens aufweckt.

– durch Engstellen – Das Führen bietet dem Pferd eine gute Gelegenheit, sich sozusagen auf »gleicher Ebene« mit dem Menschen zu messen. Hier kann es – wie unabsichtlich – peu à peu kleine Ungezogenheiten einfließen lassen, testen, ob sich der Mensch nicht noch ein bißchen mehr gefallen läßt ... Daher muß das Benehmen des Pferdes beim Führen ständig aufpoliert werden. Jede auch noch so kleine Ungezogenheit muß sofort korrigiert werden. Besonders an Engstellen muß das Pferd unbedingt die Rangordnung einhalten und darf weder vor noch neben, sondern muß unbedingt nach dem Führenden durchgehen. Stürmt das Pferd rücksichtslos vorwärts, krachen sonst die Rippen – aber bestimmt nicht die des Pferdes. Außerdem kehren solcherart »verzogene« Pferde immer mehr den Chef heraus und werden von Ängstlichen und Kindern bald gefürchtet.

Dabei ist es sehr einfach, das »am Zügel« gehende Pferd vor der Engstelle durch »Stehenlassen« der Hand am Vortreten zu hindern. Nun kann man vorgehen und das Pferd an der ausgestreckten Hand nachtreten lassen. Besteht Gefahr, daß das Pferd anstoßen und sich dadurch erschrecken könnte, geht man rückwärts, das Pferd dabei beobachtend und dirigierend, durch die Gefahrenstelle. Gehorchte das Pferd der »stehengelassenen« Hand nicht und drängt vorwärts, muß man entsprechend energisch durchparieren. Der Kampf muß eindeutig zu Ihren Gunsten ausgehen! Steht es nicht »zu Null« für Sie, müssen Sie eben so lange hin- und hermarschieren, bis Sie wieder eindeutig die Nr. 1 – auch beim Vorangehen – sind.

Auch in die Box müssen Sie vor dem Pferd treten – und ihm auch den Rüssel sofort wieder aus dem Hafer ziehen, wenn es noch nicht abgehalftert ist! Wollen Sie nicht mit in die Box eintreten, sollten Sie das Pferd bereits in der Stallgasse abhalftern und ihm durch Zuruf und einen Klaps anzeigen, daß es entlassen ist.

– auf die Koppel – Das gleiche, was für Engstellen gesagt wurde, gilt in verstärktem Maße für das Betreten der Koppel. Hierbei fühlt sich das Pferd – vor allem das junge, das zu seinen Spielgefährten darf! – schon in übermütiger Ferienlaune. Hier müssen wir nicht nur vor dem Pferd – rückwärtsgehend und den Lauser grimmig fixierend! – durch das Koppeltor. Wir müssen anschließend auch noch das Pferd umdrehen. Erst wenn die Kruppe weit genug von uns entfernt ist, können wir es abhalftern und springen lassen, ohne von dem fröhlich buckelnden Pferd »erwischt« zu werden. Recht temperamentvolle Pferde neigen dazu, sich immer ungeduldiger von ihrem Halfter zu trennen. Damit dies nicht langsam in ein Losreißen übergeht, soll man diese jungen Pferde erst an der Hand ein wenig abzappeln lassen und ihnen erst, wenn sie geduldiger sind, die Freiheit geben.

Abstand halten
Junge, unerfahrene und dadurch ängstliche Pferde kleben anfangs beim Führen eng an »ihrem« Menschen. Dies ist zwar lieb gemeint und ein Vertrauensbeweis, aber leider recht lästig. Zudem erschwert es doch ganz erheblich das »Steuern«! Stupst man die Fohlen ein paarmal am Hals energisch weg, knufft robustere etwas mit dem Knauf der Gerte, so halten

Auch in schwierigen Situationen muß das junge Pferd lernen, vertrauensvoll »am Zügel« zu gehen und Abstand zu halten.

sie wenigstens etwas Abstand. Nun muß man mit leicht ausgestrecktem Arm das Fohlen geduldig lehren, schön gerade gerichtet reell »am Zügel« zu gehen. In Rechtswendung wird das Fohlen wieder vermehrt nach links drücken. Hier verkürzt man das Tempo rechtzeitig, nimmt das Fohlen etwas zurück und führt es Tritt für Tritt herum, wobei die Hand vor der Brust des Fohlens etwas nach rechts geht. – Die erhobene linke Hand kann zur Unterstützung gleichzeitig »drohend« weit geöffnet auf den Kopf des Pferdes zugestreckt werden. Danach führt man sofort zügig geradeaus, wobei man wieder die Position neben der Schulter mit leicht ausgestrecktem Arm einnimmt.

Ein Fohlen, das beim Führen respektvoll Abstand hält und sich am Zügel statt am Menschen anlehnt, wird auch beim Anlongieren schnell hinausgehen und seine »Anlehnung am Zügel« suchen. Auch wenn man sich unter freilaufenden Pferden bewegt, muß man auf »Abstand« bedacht sein. Sind die jungen Rüpel gar zu lästig, so muß man eben gelegentlich eine Gerte mitnehmen und bedeutungsvoll ein wenig damit wippen. Gegen anhängliche, die von hinten zu schieben anfangen, hilft »energisches Auskeilen« mit dem Fuß sofort! Auch Reibereien der Pferde untereinander dürfen keinesfalls in unmittelbarer Nähe von Menschen geduldet werden. Hier muß schleunigst und energisch dazwischen gefahren werden: Wenn Anbrüllen nicht sofort die Ruhe wiederherstellt, muß eben tüchtig mit der Peitsche dazwischengefunkt werden. Hier muß – um jede Gefährdung von vornherein auszuschalten – den Pferden absolut klar sein, daß im Beisein eines Menschen nur einer klotzt – der Mensch!

Das Aufhalten

Hat man das Fohlen nicht vom ersten Tag an an das »Füße Hergeben« gewöhnt, so betrachtet es bald die Beine als sein kostbarstes Gut. Wächst es noch dazu mit Hengstfohlen in der Herde auf, so lernt es schnell, seine Beine »in Sicherheit« zu bringen, niederzuknien und auch auszuschlagen, wenn ihm die »Zwickerei« zu viel wird. Beginnt man erst jetzt mit dem Aufhalten, so ist das Fohlen als erstes ans Festhalten zu gewöhnen. Möchte man das Fohlen ohne Helfer abrichten, so muß man es auch anbindefest machen und ihm durch regelmäßiges Putzen der Beine die Angst vor dem Gebissenwerden nehmen. Nun kann man dem angebundenen Fohlen geduldig und spielerisch die Beine ganz leicht anheben, wobei das Fohlen natürlich kräftig gelobt wird. Das Fohlen darf dabei auf keinen Fall rutschen oder sonstwie erschreckt werden. Nach etwa zwei Wochen geduldigen Übens wird sich jedes gutartige Fohlen auf diese Weise ans Aufheben gewöhnt haben. Führt dieser Weg nicht zum Ziel, so muß man – wie auch bei schwierigen Pferden oder wenn's pressiert – ein bis zwei ruhige Helfer bemühen.

Um Panik zu vermeiden, darf es bei diesem Verfahren nicht angebunden sein – es wird ihm ja Gewalt angetan! Zur Beruhigung stellt man die Mama oder den Freund daneben. Das durch Beineputzen vorbereitete, ausgetobte Fohlen wird nun von einem Helfer in einer geeigneten Box gut festgehalten. Der Helfer muß das Fohlen vom Vor- oder Rückwärtstreten abhalten, zum Aufheben der Vorderbeine stellt man das Fohlen zusätzlich mit der Kruppe an die Rückwand. Mit der gerade nicht benötigten Seite wird das Fohlen an die Boxenwand gestellt. Nun drückt man das Fohlen mit Hilfe des Körpergewichts gegen diese Wand und hebt gleichzeitig ruhig und zügig das dabei entlastete Bein auf. Eng an das Fohlen gedrückt, hält man das Bein unter liebevollem Zuspruch ruhig und möglichst bequem für das Fohlen längere Zeit auf. Der eventuelle zweite Helfer drückt das Fohlen ebenfalls an die Wand. Zudem kann er den Schweif straff nach vorne oder unten ziehen (gegen Ausschlagen oder Zappeln) und das Fohlen am Widerrist nach unten drücken (gegen Aufsteigen). Verliert das Fohlen nicht die Balance und fügt man ihm keine Schmerzen zu, so wird es nach zwei- bis dreimaliger Übungsstunde die Abwehrhaltung aufgeben. Vor allem auf eine absolut waagrechte Kruppe – das heißt, auf die richtige Höhe beim Aufheben der Hinterbeine, ist in diesem Zusammenhang besonders zu achten. Absolute Ruhe, konsequentes Einengen des Bewegungsspielraums und unerschrockenes Halten ohne zwischendurch auszulassen ist allerdings Bedingung.

Hat das Fohlen seine Angst verloren, so kann man – ohne Zwangshelfer! – alleine weiterüben. Dabei muß man das Fohlen ständig dazu anhalten, sich nicht »draufzulümmeln«. Dazu stützt man das Fohlen immer so weit wie möglich oben ab (Brust, Karpalgelenk, Unterschenkel). Röhre, Fesselgelenk und Huf müssen frei und locker »spielen«. Das Draufbrummen beim Aufheben des Vorderbeins beseitigt äußerst wirkungsvoll ein gelegentlicher hinterlistiger »Piks« mit dem Hufkratzer in die Rippen. Das Abklemmen der Fessel mit beiden Daumen ist vielen Pferden unangenehm und sollte diesen auch nicht zugemutet werden. Mit wachsender Sicherheit und Frechheit wird das Fohlen – besonders in unfachmännischer Hand – auch beim Aufheben anfangen, ein wenig die Kräfte zu messen. Da man ja jetzt davon ausgehen kann, daß das Fohlen nun widersetzlich und nicht ängstlich ist, darf man sich dies nicht gefallen lassen. Gutes Zureden ist nun fehl am Platze – Anschnauzen, Knuffen, ein drohend geschwungener Stallbesen zeigen hier eher die gewünschte Wirkung. Ist es wieder folgsam, lobt man es natürlich.

Der Hufschmied kommt

Lebhafte junge Pferde müssen, bevor der Hufschmied kommt, stets ausreichend bewegt werden. Nur dann kann man von ihnen geduldiges Stillhalten verlangen. Der Platz, an dem der Schmied arbeitet, soll den jungen Pferden vertraut sein. Zudem muß er ausreichend geräumig sein, damit man das – für junge Pferde bis etwa zur Grundausbildung unverzichtbare – Beruhigungspferd daneben stellen kann. Wird das Fohlen zum ersten Mal ausgeschnitten, so darf man es keineswegs anbinden – auch wenn es das Hufe-Auskratzen angebunden gelernt hat! Die Situation mit dem »fremden Mann«, und das wesentlich längere Aufheben gebieten doch erhöhte Vorsicht. Eine Vertrauensperson, die das Fohlen hält, durch leichte Paraden ablenkt, tröstet und dazu ein ruhiger, geduldiger Hufschmied, der weiß, daß man jungen Pferden ein wenig Zeit lassen muß, da kann eigentlich nichts schiefgehen!

Der Tierarzt kommt

Geduldige, vertrauensvolle und gut ausgebildete Fohlen lassen sich erfahrungsmäßig vom Tierarzt nahezu alles gefallen. Wir hatten zwei Saugfohlen, die vier Wochen lang praktisch täglich intravenöse Injektionen erhielten. Kam ich mit dem – zugegebenermaßen sehr netten – Tierarzt an die Koppel, so kamen sie brav her und ließen sich willig aufhalftern. Frei, mit locker durchhängendem Führstrick, standen sie dann mit der Nadel in der Vene da, während der Tierarzt für jeden vier aufgezogene Spritzen der Reihe nach aus seinen Taschen hervorholte und aufsteckte. Gelegentlich stieß eines einen leichten Seufzer aus und kniff die Augen zu. War die Behandlung vorbei, so hatten wir – auch der Tierarzt! – sie natürlich auch ganz fürchterlich lieb.

Leider legt sich diese absolute Menschenfreundlichkeit im Laufe eines erfahrungsreichen Pferdelebens. Hat man gar einen den Pferden unsympathischen Tierarzt, so geht unter sämtlichen Pferden des Stalles die Antipathie wie ein Lauffeuer herum. Betritt dann dieser Widerling den Stall, so klappern sämtliche Pferde mit den Zähnen und rollen die Augen. In so einem Fall ist es das beste, man wechselt den Tierarzt, auch wenn er fachlich noch so gut ist.

Kommt der Tierarzt zu einer Routineuntersuchung oder Impfung, sollte man das Fohlen vorher »austoben« lassen, damit es weniger explosiv ist. Die Behandlung sollte immer (die Untersuchung möglichst auch) in der vertrauten Umgebung und Gesellschaft durchgeführt werden. Das Pferd ist dabei nicht anzubinden, sondern von einer Person seines Vertrauens zu halten. Im Zweifel ist ein Beruhigungsmittel oder die Nasenbremse besser ein in Panik geratenes Pferd.

Das Spiel »ich fürchte mich«

Junge, lebhafte Pferde spielen gern das Spiel: Ich fürchte mich. Eine große Portion Übermut und gehörige Schlitzohrigkeit, gepaart mit einer kleinen Portion nervöser Lauflust – und schon denken Sie, Sie hätten eine Kreuzung aus trompetendem Elefanten, brüllendem Löwen und afrikanischem Springbock am Fuhrzügel. Mit gehißter Fahne (die den Übermut und die Lust zum Wegspringen anzeigt) springt, schnaubt, brüllt und trompetet dieses völlig verwandelte Wesen neben Ihnen und erschreckt Sie damit möglicherweise so, daß Ihnen das Herz in die Hosen fällt. Läßt man sich nicht ins Bockshorn jagen und greift mit einer nicht zu zaghaften Parade und einem lauten Wutschrei kräftig durch, so fällt dieses Temperamentsbündel sofort in sich zusammen wie ein Luftballon, dem eine spitze Nadel in die Quere gekommen ist. Den »gefürchteten« Gegenstand würdigt es keines weiteren Blickes mehr und muffelt nur noch sauer neben Ihnen her.

Ihm so den Spaß zu verderben, wie konnten Sie nur!

Leider suchen sich diese – stets hochintelligenten – Pferde immer einen Gegenstand zum »Fürchten« aus, der ja möglicherweise wirklich zum Fürchten sein könnte. So schweben ihre Besitzer in ständiger Angst und Sorge, diesmal könnte sich ihr Liebling ja vielleicht ausnahmsweise wirklich einmal fürchten. Bei zu zaghaften Besitzern, die erschrocken gleich loslassen, haben diese Pferde ein schönes Leben: Verschrieen als Durchgänger (zu denen sie auch gerne werden, wenn man ihnen die freie Wahl läßt!), nutzen sie ihre eindrucksvollen schauspielerischen Fähigkeiten dazu, sich ein Leben lang vor jeder Arbeit zu drücken.

Sind Sie nicht sicher, ob Ihr Liebling die Angst wirklich spielt, so gibt es zwei sichere Anzeichen: Führt sich ein Pferd in Pferdegesellschaft mehr auf als alleine, so möchte es imponieren, also »Eindruck schinden« und spielt die Angst also nur. Zeigt es dieses »Sich Fürchten« jedoch ausschließlich, wenn es alleine ist, oder wenn andere Pferde es ihm bereits vorgemacht haben, so ist sicher auch eine gehörige Portion Angst dabei, die nur ständiges Üben abbauen kann. Das zweite sichere Zeichen ist die gehißte Fahne – bei lauflustigen Araber-Typen fällt das Schweifhaar gar nach vorne über den Rücken! Dies ist das Signal zum allgemeinen Wettrennen – Lauflust und Übermut in Reinkultur! Ein ängstliches Tier duckt sich entweder oder senkt die Kruppe (kneift sozusagen) und kann in dieser Stellung auch nicht »die Fahne hissen«. Der zu erwartende Angriff eines Raubtieres würde ja den Hinterbeinsehnen gelten, diese gilt es also zu beschützen. Ein Tier, das in dieser Angsthaltung zu fliehen suchte, stellt beide Hinterbeine so weit unter den Körper, daß es nur im »Froschgalopp« angaloppieren könnte –

und bietet ein völlig anderes Bild, als das Pferd mit lustig gestelltem Schweif, weggedrücktem Rücken und einer in den Wind gestreckten Nase.

Hengstmanieren müssen nicht sein

Es gibt Hengste, die ihr Leben lang – auch als Deckhengste – keinerlei Hengstmanieren zeigen. Andererseits gibt es sogar Stutfohlen, die unter gewissen Voraussetzungen (besonderer Milchreichtum der Stute, keine Spielgefährten) Hengstmanieren zeigen. Auch Stuten, besonders solche mit »männlichen« Hakenzähnen, sind in ihrem Verhalten vor allem fremden Pferden gegenüber häufig hengstig. Was das hengstige Fohlen jedoch so unangenehm macht, ist die Tatsache, daß es seine Hengstallüren gerne am Menschen austobt. Zu den Hengstmanieren zählt das Aufsteigen (= Kampf), besonders das Aufspringen (= Begattung) sowie das Beißen (= Treiben der Stute vor der Begattung sowie Hengstkampf).

Diese Spiele sind arterhaltend im Sinne der Evolution und daher vor allem für den späteren Deckhengst auch wichtig, ja sogar notwendig (z. B. Einüben des Begattungsvorgangs). Sie sollten daher auch nicht künstlich unterdrückt werden (wie z. B. bei Weide-Jungbullen mit Medikamenten), sondern der Mensch sollte als erstes und wichtigstes diese Triebe in die richtigen Bahnen lenken. Das heißt, das Hengstfohlen sollte mit anderen Pferden, darunter am besten gleichgeschlechtliche Fohlen, in ständigem Sozialkontakt leben. Wenn sich das Fohlen beliebig mit anderen Pferden »austoben« kann (= sausen, raufen, bedecken), so ist dies die sicherste Gewähr, daß es dem Menschen gegenüber aufmerksam und brav ist. Ein unausgelastetes, gut gefüttertes, womöglich an Bewegungsmangel leidendes (Boxen-)Fohlen wäre wirklich krank, wenn es nicht spielen möchte. Bloß sind Hengstspiele für den Menschen nicht gerade zuträglich.

Läuft das Hengstfohlen in der Herde und ist immer noch lästig, hängt auch ständig auf den Stuten und »bohrt an ihnen rum«, so ist es entweder das einzige »mannbare« Tier der Herde, oder aber das Fohlen der Chefstute, d. h. der Ranghöchsten. Fohlen haben den gleichen Rang wie ihre Mutter. Dieses Hengstfohlen wird also von keinem Tier der Herde gemaßregelt und ist folglich »saufrech«. Dagegen gäbe es nur eine Abhilfe – diese Möglichkeit hat leider nicht jeder –, nämlich den lieben Papa, sprich den Deckhengst, zumindest zeitweise in der Herde mitlaufen zu lassen. Auch wenn der Hengst nett zu den Fohlen ist und ihnen nichts tut, sind sie von seiner Aura so beeindruckt, daß sie die Stuten in Ruhe lassen. Zu Hengstspielen treten sie gewöhnlich (vor allem, wenn sie schon älter sind) einzeln gegen den Papa an und sind im übrigen ganz außergewöhnlich gesittet und wohlerzogen.

Leider fangen die meisten Hengste an, Fohlen ab etwa einem halben Jahr zu schikanieren. Will man den Hengst nicht aus der Herde tun, so ist dies der richtige Zeitpunkt, die Fohlen abzusetzen und nach Geschlechtern getrennt, beigefüttert und evtl. in der Nacht aufgestallt zu halten. Die Hengstfohlen können nun auch in Gesellschaft älterer Junghengste aufwachsen, jedoch sollte der Gewichts- und damit zumeist auch der Altersunterschied nicht allzu kraß sein, damit das kleinere beim unvermeidlichen Aufspringen durch die größeren Fohlen nicht verletzt wird. Ein als »Oma« eingesetzter älterer Wallach bringt auch dem »Chefhengstfohlen« Manieren bei.

Sollte das Fohlen, nachdem Sie alle Ihnen möglichen Maßnahmen getroffen haben, immer noch Hengstmanieren zeigen, so behandeln Sie es wie folgt. Müs-

sen Sie den Junghengst unbedingt frei mitlaufen lassen, so behalten Sie ihn ständig gut im Auge. Mit einer Gerte, einer zweiten Führleine, einem übrigen Halfter oder einem ähnlichen Gegenstand halten Sie ihn in sicherem Abstand, indem Sie damit schlängelnde Bewegungen in Richtung auf seinen Kopf und seine Schulter zu ausführen. In allen übrigen Situationen nehmen Sie ihm über einen längeren Zeitraum – mehrere Monate lang – konsequent jede Möglichkeit, dem Menschen seine Hengstgefühle zu beweisen. Verrichtet man auf der Weide oder im Stall ingendwelche Arbeiten, so halftert man den Junghengst auf und bindet ihn während dieser Zeit an. So kann er niemand beißen oder bespringen (z. B. auch beim Putzen). Daß man ihn nicht allein am Zaun angebunden stehen lassen kann, während die ganze Herde weiterwandert, darf natürlich nicht übersehen werden. Führen sollten Sie den Junghengst immer mit ausgestrecktem Arm als Vorbeuge gegen plötzliches Aufspringen. Vor allem darf er nie hinter Sie (und Ihre möglicherweise verlockende Kruppe) geraten. Ihre Position ist auf Schulterhöhe. Neigt er dazu, während des Führens nach der Hand oder dem Arm zu beißen, so legen Sie ihm eine dicke Gummitrense ein. Auf dieser kauend, ist der Junghengst meist genügend abgelenkt; beißt er trotzdem, wirkt der Biß nicht so stark quetschend.

Die Führkette wird in die Gummitrense jedoch nicht eingehängt – geführt wird immer wie nachstehend beschrieben. Zum Führen des Junghengstes benutzt man eine lange Führerleine, deren Kette (auf ausreichende Länge beim Kauf achten!) durch den linken Ring des Stallhalfters über den Nasenrücken, auch durch den rechten Ring zum oberen Ring führt und in diesen eingehängt wird. Mit der langen Führleine sind Sie nicht gezwungen loszulassen, wenn der Junghengst steigt. Es hat keinen Sinn, sich an das steigende Pferd dranzuhängen – runter kommt es sowieso irgendwann einmal wieder! Achten Sie nur darauf, seitlich vom Pferd zu stehen, wenn es wieder landet, damit Sie ihm nicht unter die Hufe geraten. Rechnen Sie damit, daß es möglicherweise stürzen könnte (passiert jedoch selten, wenn Sie es nicht selbst durch Dranhängen oder Ziehen aus dem Gleichgewicht bringen). Mit der langen Leine müssen Sie bei einigem Geschick auch das gestürzte Pferd nicht loslassen. Um weiteres Steigen zu vermeiden, muß man unbedingt sogleich zügig wieder weiterführen! Mit einem Knuff, einer Parade sowie durch die ärgerliche Stimme soll man den Junghengst jedoch auf seinen Fehler hinweisen. Losstürmen und auch Steigen gewöhnt man dem Junghengst durch kurze Paraden (= Zupfen) und nicht durch stures Gegenhalten ab! Wenn Sie ihrem Lauser ansehen, daß gleich wieder einer seiner lustigen Streiche fällig ist, beugt man mit einer Parade und einem strengen »Nein« vor.

Hat sich nach einem halben Jahr solch konsequenter Erziehung und Haltung das Benehmen Ihres Junghengstes nicht gebessert, kann man eigentlich nur eine frühzeitige Kastration empfehlen. Auch nach dieser haben Sie jedoch nicht sofort einen tugendsamen Eunuchen im Stall und auf der Weide. Der Kleine wird immer ein wenig ein Lauser bleiben – denn wenn er kein übermütiges Naturell hätte, dann hätt' er's auch als Hengst nicht gar so toll getrieben! Außerdem wird's ihm eine gewisse Zeit noch so gehen wie den alten Opas in dem Witz: Da war doch noch was...

Betteln und Schnappen verboten!

Pferde sind fast immer ausgesprochen verfressen. Steckt man ihnen nun ständig ein Zuckerl oder einen sonstigen Leckerbissen zu, so werden sie unverschämte, fordernde Bettler. Pochend auf ihr Gewohnheitsrecht reagieren sie mit angelegten Ohren oder gar Schnappen, wenn man ihnen ausnahmsweise nichts mitbringt. Gefährlich wird es, wenn man mehreren Pferden, die zusammen in einer Koppel oder Laufbox stehen, Futter mit der Hand hinhält. Schnappt ein eifersüchtiges Pferd drohend nach einem Konkurrenten und man hat die Hand gerade dazwischen, so kann man sich das Ergebnis doch leicht an seinen neun Fingern abzählen ... Besser ist es auf jeden Fall, Pferde überhaupt nicht mit der Hand zu füttern. Spontanes Lob ist ihnen sicher auch lieb und die materielle Belohnung kann man ihnen auch in einem Futtereimer reichen oder in die Krippe schütten. Das Füttern eines einzelnen Pferdes inmitten einer Weide respektieren Pferde im übrigen, wenn man mitten unter die Pferde tritt und dem Pferd das Futter im Eimer mitbringt. Die Gerte muß man natürlich deutlich sichtbar mittragen und für entsprechenden Respektabstand sorgen.

Ein Wildling wird erzogen

Gelegentlich sieht man ein so hübsches Jungpferd, daß es einen geradezu in den Fingern juckt – und muß bei genauerem Nachfragen feststellen, daß es sich um ein völlig »unangefaßtes« Exemplar der Gattung Hauspferd handelt. Nun kommt das große Überlegen – kann ich es riskieren? Wird der – oder die – Ein- oder gar Zweijährige jemals völlig zahm? Ein echtes Dülmener Wildbahnpony würde Ihnen weniger »Bammel« bereiten – das wurde zwar auch gewaltsam eingefangen und gebrannt. Aber gerade eben, und dann wird's im ersten Schreck auch gleich gezähmt. Ihr »Traumpferd« ist aber schon vor einem Jahr mit dem Lasso eingefangen und gebrannt worden

– seitdem hat es Zeit genug gehabt, über dieser Schmach zu brüten. Außerdem ist es schon viel dicker und größer als das kleine Wildbahnpony! Nun – als Antwort auf Ihre Frage –, man kann das Jungpferd natürlich schon noch zähmen – aber es muß schon verflixt billig zu kaufen sein, damit sich der Aufwand auch nur halbwegs rentiert.

Hier ein Beispiel aus unserer eigenen Erfahrung. Vor einigen Jahren suchten wir gute Jungstuten anzukaufen, die zu unserem neuen Zuchthengst passen sollten. Vom Zuchtverband bekamen wir den Tip, in einer Herde, deren Besitzer seit längerer Zeit schwer erkrankt sei, stünden einige gute, aber sehr verwilderte Tiere. Bei unserem Besuch standen die Tiere bis auf eine ältere Stute alle zusammen auf Spaltenboden in einem Stall mit einer Angus-Rinderherde. Die Zweijährige und die Dreijährige waren hochtragend von einem mitlaufenden zweijährigen Reitponyhengst. Die einzige Nichtschwangere erschien die elf Monate alte Jungstute zu sein. Diese war es auch, welche uns ins Auge stach. Sie war von hervorragender Qualität – allerdings auch »vogelwild«. Eigentlich wollten wir ja auch keinen Jährling – sondern deckfähige Stuten. Gerade aber die dreijährige Stute war natürlich die »minderste« von den dreien. Die andere war gar erst 24 Monate alt und schon großtragend und kam daher erst recht nicht in Frage. Die Dreijährige ließ sich – o Wunder! – jedoch anfassen und schien sogar recht handsam zu sein. Es war aber gar kein Wunder: Vor drei Jahren war der Besitzer noch gesund und hatte sie noch erzogen (er starb übrigens bald nach dieser Episode). Dann hatte es nur noch dazu gereicht, die Stute zum Decken zu fahren – schließlich auch dazu nicht mehr. Unsere Einjährige hatte aber noch Papiere und war mit Gewalt eingefangen und gebrannt worden. Leider! Denn sie ließ sich überhaupt nicht berühren und war schon sehr stark voreingenommen.

Schließlich erwarben wie die tragende Dreijährige (als »Oma«) und die Einjährige zusammen zu einem Preis, den der Jährling, gut erzogen und gepflegt, allein schon wert gewesen wäre. Wir ließen die beiden Stuten zur Vorsicht mit einem Lastwagen abholen (in den lief die »Wilde« ihrer großen Schwester auch freiwillig nach) und dachten, alles sei in Ordnung. Pustekuchen! Der Züchter hatte nämlich vom Bett aus Gewissensbisse wegen der ungepflegten Hufe bekommen – Pferde verkauft man mit ausgeschnittenen Hufen! Er gab also seinem Baumeister den Befehl, sich um die Hufpflege des Tieres zu kümmern. Dieser hatte zwar keinerlei Erfahrung mit Pferden, erkannte jedoch klar, daß er mit der Kleinen »freihändig« nicht fertig werden würde. Mit viel Geschick trieb er sie also in den Klauenpflegestand für Kühe, schnallte sie darin fest und kippte sie um. Resultat: Wir bekamen einen Jährling, dem die beiden rechten Hufe mit der Flex sauber geschliffen waren, mit total aufgeschundenen Sprunggelenken – und nicht mehr nur vogelwild, sondern bereits lebensgefährlich!

Gut, daß wir die Dreijährige mitgekauft hatten. Diese vertrug sich, obwohl hochtragend, hervorragend mit der Schwester in der Box. So konnte ich auch, was anders nicht möglich gewesen wäre, zu dem Jährling in die Box gehen – die Kleine machte nämlich regelrecht Jagd auf Menschen. Ging man auch nur an der Box vorbei, mußte man den Kopf einziehen, so gezielt schnappte der Jährling heraus. In der Box achtete ich natürlich sehr darauf, immer die zahme Schwester zwischen mir und der »Angstbeißerin« und auch »Angstschlägerin« zu haben. Berührte ich sie über die Schwester hinweg, so krachte es auch schon. Die Schwester tat mir schon richtig leid, weil sie immer das »Fett abkriegte«. Nach und nach tat jedoch die Gewöhnung das Ihrige, und ich konnte der Einjährigen sogar schon – von außerhalb der Box! – das Halfter aufsetzen und wieder abnehmen, ohne daß sie mich aufzufressen versuchte. Auch beim Hinauslassen auf die Koppel machte sie bereits einen Bogen um mich, statt anzugreifen. Das war auch allerhöchste Zeit – denn nun bekam ihre Schwester das Fohlen. Da die Einjährige sehr eifersüchtig war, mußte ich die beiden für einige Tage trennen und stallte sie in Nachbarboxen bei halbhoher Trennwand auf. Auch zur Wiederbedeckung der Dreijährigen durfte die Einjährige natürlich nicht mit.

Der Jährling war allein in der Box erstaunlich vernünftig, und ich kam gut mit ihm zurecht, bieb dabei jedoch so vorsichtig, sie nur über die Boxentür hinweg anzufassen bzw. aufzuhalftern. Auf der Weide begann die Einjährige – die ja sowieso auf das Fohlen ihrer Schwester eifersüchtig war, nun bald herzukommen, wenn ich das Fohlen »liebhatte«, und wollte ebenfalls gekratzt werden. Gelegentlich floh sie zwar noch empört quiekend, wenn ich sie berührte. Doch benahm sie sich bald so vernünftig, daß ich den Verdacht hatte, sie sei von Haus aus eigentlich ein Pferd mit gutem Charakter. Tatsächlich ging auch das Anbinden über Erwarten gut vonstatten, und beim ersten Versuch, sie zu führen, wehrte sie sich kein bißchen, sondern stand nur da und schwitzte vor Angst. Sie machte sich weiterhin so gut, daß wir die Schwester mit dem hübschen Mischlingsfohlen verkaufen konnten.

Die Jährlingsstute zeigte sich nie mehr bösartig. Nur beim Aufheben der Beine war sie lange Zeit noch äußerst nervös, und ich wartete immer einen guten Tag und eine ruhige Minute ab, die Hufe zu kontrollieren und notdürftig zu pflegen. Erst dreijährig konnte sie erstmalig von

einem sehr ruhigen Schmied ausgeschnitten werden. Hätten wir jedoch die große Schwester nicht mitgekauft oder auch bloß einmal die Geduld verloren, so wäre dieses Experiment sicher nicht so verhältnismäßig leicht und mühelos günstig verlaufen.

Einige Tips noch: Unbedingt nötig wird gleich zu Beginn – und drei Wochen darauf nochmals – eine Wurmkur sein. Verwenden Sie unbedingt ein Fütterungswurmmittel, das problemlos über das Kraftfutter verabreicht werden kann. Unterlassen Sie jeden »Kraftakt« mit Pastenpistole oder ähnlichen Hilfsmitteln. Muß das Tier unbedingt vom Tierarzt behandelt werden (Verletzung o. ä.), so füttern sie 20 Minuten vor dessen Eintreffen ein Beruhigungsmittel über das Kraftfutter. Dies wird Ihnen der Tierarzt vorher gerne aushändigen und das Jungpferd noch zusätzlich mit einer Spritze sedieren, bevor die Behandlung beginnt. Zum gewaltsamen Festhalten ist der Wildling bereits zu groß und zu schwer. Auch die Auswirkungen auf seine Psyche wären sicher schwerwiegender als die Auswirkungen der Sedierung auf seine Gesundheit – Beruhigungsmittel sollen ja schließlich auch nicht zur Gewohnheit werden.

Der Hufschmied, das Kastrieren und ähnliches hat so lange warten müssen und muß auch jetzt noch ein, zwei Monate warten können. Meint ein ungeduldiger Besitzer, so was müßte unbedingt gleich sein, wobei man darüber sicher streiten kann – so kann man ihm nur dringend raten, daß dabei jeder Kraftakt unterbleiben muß. Im Zweifel ist Teil- oder gar Vollnarkose anzuwenden, wenn die Anwendung von einfachen Beruhigungsmitteln das Pferd nicht ausreichend apathisch macht. Das Pferd muß völlig ruhig sein, sonst riskiert er bei seinem Wildling eine – für alle Beteiligten – lebensgefährliche Explosion.

Zwischen Erziehung und Grundausbildung

Ferien oder Vorschule

Ist das Pferd ordentlich erzogen, so ist es nicht unbedingt nötig, ständig an ihm »herumzupusseln«. Zu der routinemäßigen Hufkontrolle sollte man das junge Pferd – so es nicht freiwillig ruhig stehenbleibt – natürlich aufhalftern und anbinden. Diese Gelegenheit kann man gleich nutzen, das Pferd ein paar Runden zu führen und für's Bravsein zu loben. Die übrige Zeit kann man dem Fohlen ruhig seine Wachstumsferien gönnen.

Andererseits ist es natürlich auch nicht verkehrt, wenn man sich gelegentlich wirklich Zeit für das Fohlen nimmt. Hierbei kann man dann dem Fohlen Gelegenheit geben, sich in aller Ruhe an etwas zu gewöhnen. Dies ist sicher weitaus günstiger, als das gleiche dann später irgendwann einmal, wenn's pressiert, man hektisch und aufgeregt ist, einfach von ihm zu fordern oder gar zu erzwingen (z. B. das erste Verladen).

Hat das junge Pferd zu wenig Bewegung, so ist es natürlich immer richtig, es zusätzlich zu bewegen. Spaziergänge, auch die Mitnahme als Handpferd, schaden dem Fohlen normalerweise nicht. Neben dem Stoffwechsel wird auch die Persönlichkeit des Fohlens dabei positiv beeinflußt: Das junge Pferd gewinnt erheblich an Erfahrung und wird scheufest. Diese Ausflüge dürfen natürlich nicht in Kindersport ausarten. Auch muß man sich stets darüber im klaren sein, daß sich das Fohlen nicht lange konzentrieren kann und ihm deshalb eine aktive Mitarbeit nur für kurze Phasen möglich ist. Mit dem Einüben bzw. Wiederholen soll man jedoch auf jeden Fall ein bis zwei Wochen vor dem Beginn der Grundausbildung anfangen. Damit

Guter Boden und vernünftiges Tempo erlauben häufige Mitnahme des Fohlens als Handpferd.

Kann es gefahrlos geschehen, so kann man das Fohlen auch frei mitlaufen lassen.

stimmt man das junge Pferd auf den Ernst des Lebens ein. Ganz besonders wichtig ist dies für Remonten, die zur Grundausbildung umgestallt oder gar an einen fremden Bereiter übergeben werden.

Die kleine Springschule

Um geländegängig zu werden, brauchen Fohlen von klein auf hügeliges Gelände, das sie trittsicher werden läßt. Sind Ihre Koppeln eben und langweilig, so sollten Sie sich Gedanken darüber machen, wie Sie Ihren Fohlen auf die Sprünge helfen können. Hat man die Gelegenheit, so soll man unbedingt das Fohlen freilaufend hinter der gerittenen Mutter im Gelände mit den natürlichen Bodenunebenheiten vertraut machen.

Sonst sollte man den jungen Pferden auf dem täglichen Weg zur Koppel einige kleine »Geländehindernisse« einbauen. Hat man einen schmalen Laufgang zu den Koppeln, so kann man nach irischem Vorbild eine Fohlen-Springschule anlegen – mit trockenem Graben – und Wassergraben, Auf- und Absprung, Baumstamm usw. – alles natürlich »Mini«! Über diesen »Parcours« werden dann die schlaksigen Nachwuchshunter fegen, daß es eine wahre Freude ist. Eine einfache Möglichkeit ist es, zwischen zwei Koppeln in 40 bis 50 Zentimeter Höhe eine Stange nicht zu entfernen. Diese werden die feigeren und unerfahreneren Jungpferde zwar anfangs andächtig bestaunen und vorsichtig drüberkrabbeln. Nach wenigen Tagen werden aber auch sie mit der übrigen Herde locker drübercantern. Ein häufig derart »trainiertes« Pferd hat gelernt, sich rund zu machen, sich aufzuwölben und auch darauf zu achten, wohin es seine Beine setzt.

Phantasie, Pferdebegeisterung – und natürlich die nötige Freizeit – schufen diesen »Naturoxer« für die schon gar nicht mehr so kleine »Springschule«.

Mitnahme als Handpferd

Will man das Fohlen als Handpferd auf Ausfahrten oder Ausritten mitnehmen, so sollte man unbedingt damit beginnen, solange es noch an der Mutter ist, von deren Seite es ja sowieso nur ungern weicht. Will man jedoch mit einem bereits ein- oder gar zweijährigen Fohlen beginnen – noch dazu neben einem respekteinflößenden oder gar fremden Pferd – so geht nichts mehr »aus dem Handgelenk«. Für das Fahren ist das Fohlen dann regelrecht einzufahren (siehe dort »mit Lehrmeister«), und für das Handpferdereiten ist das Fohlen gut zu longieren. Die ersten praktischen Versuche sind dann unbedingt auf einem umgrenzten Platz vorzunehmen. Beim Fahren braucht man mindestens einen Helfer, der das Fohlen beim Einspannen gut hält und es dann noch einige Zeit mit über dem Nasenrücken liegender Führkette führt. Beim ersten Handpferdereiten braucht man ebenfalls einen Helfer, der das Fohlen mit nachtreibender Peitsche am Zurückfallen hindert.

Wesentlich einfacher gestaltet sich »das Anlernen« des noch saugenden Fohlens an der Mutter: Man gewöhnt das Fohlen daran, die Mutter, angebunden an die rechte Seite des Bauchgurts, zu begleiten. Das gut ans Anbinden gewöhnte Fohlen begleitet die Mutter meist innerhalb weniger Minuten willig in den Gangarten Schritt und Trab. Faule Fohlen soll ein Helfer von hinten mit der Gerte etwas kitzeln. Der Führende gibt dazu die Kommandos »komm«, «Schritt«, und »Trab«! Der logisch nächste Schritt ist das »Beispannen« des Fohlens neben der eingespannten Mutter. Das Saugfohlen wird hierbei an das Brustblatt der Mutter angebunden, der Jährling bekommt dann auch das Geschirr aufgelegt und den äußeren Strang zur Begrenzung eingehängt. Der Zweijährige wird erst beim Führen an das Gebiß gewöhnt und dann schon »richtig« dazugespannt. Leichter Zug und leichtes Zurückschnallen sind für das ja noch nicht voll entwickelte Fohlen Voraussetzung.

Das Fohlen kann natürlich auch als Handpferd beim Reiten mitgehen. Da hier nicht wie beim Einspannen der Fahrer von hinten treibt, sind jedoch entsprechene Vorübungen nötig. Am schnellsten lernt das Fohlen das Mitlaufen im Galopp, wenn man die Mutter (das Fohlen rechts am Gurt angebunden) auf der linken Hand longiert. Nicht zimperlich sein mit den Peitschenhilfen, wenn sich das Fohlen zurückfallen läßt! Dem Fohlen ist ja die Sicht auf Sie durch die Mutter verdeckt. Daß Sie der antreibende »Bösewicht« sind, merkt es gar nicht! Beim Reiten nehmen Sie dann das Fohlen echt an die Hand. Auf keinen Fall dürfen Sie sich den Strick um den Bauch binden oder das Fohlen am Sattelgurt oder Halfter anbinden, da dadurch gefährliche Unfälle passieren können.

Die Beobachtung der Gesundheit des Fohlens ist oberstes Gebot bei diesen Reit- und Fahrausflügen. Zu harter Boden ist zu vermeiden oder im Schritt zu passieren. Deutliche Grenzen setzen Ermüdung sowie größerer Abrieb der Fohlenhufe. Nicht vergessen werden darf, daß das Handpferd im Straßenverkehr immer rechts geführt werden muß (außer in Ländern mit Linksverkehr!).

Spaziergänge

Führen an der Hand dient vorwiegend der Erziehung des Fohlens. Es festigt das Vertrauen zum Menschen und ist immer sehr empfehlenswert. Vor allem zu Beginn der Ausbildung sind Spaziergänge dann nahezu unverzichtbar. Man muß sie mit dem doch sehr belastenden Ausbildungsprogramm kombinieren – zum »Aufwärmen«, zur Erholung zwi-

Führen festigt das Vertrauen zum Menschen und ist immer empfehlenswert. Zu Beginn der Ausbildung gehören Spaziergänge zum Muß; täglich stellt man höhere Anforderungen.

schen zwei Konzentrationsphasen, zur Lockerung und Entspannung. Wurde das Fohlen bereits als Handpferd mit ins Gelände genommen und läßt es sich überdies auf Anhieb überreden, Sie als »Pferdeersatz« zu akzeptieren, so können Sie auch mit dem noch jungen Fohlen schon im weiteren Umkreis umherstreifen. Das unerfahrene sowie das stark klebende Fohlen sollten Sie anfangs jedoch nur in unmittelbarer Nähe des Stalles – den Hof »umkreisend« – führen. Droht schreckliche Gefahr in Form eines aufgespannten Regenschirms, eines Kinderwagens, Lasters o. ä., so können Sie in den sicheren Hafen flüchten, bevor das Fohlen Reißaus nimmt und sich das gar noch zur Gewohnheit macht.

Vom Hof weg sowie am Hof vorbei muß sich das Fohlen aber auf jeden Fall führen lassen – sonst muß man eben energisch werden. Weiß das Fohlen dann, daß ihm nichts passiert und daß es auch immer wieder heimgebracht wird, so wird es sich auch täglich weiter hinauswagen, ohne gleich das große Nervenflattern zu bekommen. Gebummelt werden darf beim Führen nie; fleißiger Schritt, unterbrochen von Trabeinlagen, ist angebracht. Bei »Gefahr im Verzuge« muß das Fohlen beschäftigt werden. Konzentriert es sich ganz auf seinen Führer, hat es keine Zeit, sich zu fürchten. Im gleichen Maß, in dem das Vertrauen in den Führenden zunimmt und die Erfahrung des jungen Pferdes wächst, stellt man größere Anforderungen: Bodenhindernisse meistern, sich an flatternden Siloplanen jeden Tag ein wenig näher vorbeiwagen... Und mit jedem Ausflug wird der kleine Angsthase ein wenig mutiger und selbstbewußter werden.

»Steh« und »Zurück«

Damit das Fohlen sich beim Führen auch gut »handhaben« läßt, muß es auch einmal ruhig stehenbleiben können (z. B. wenn man die Stalltür öffnen muß). Gelegentlich muß es auch ein paar Tritte rückwärtsgehen (z. B. wenn sich die Stalltüre zu ihm hin öffnet). Für das Lehren beider Kommandos soll man sich Zeit nehmen, das Fohlen muß gut ausgetobt, also aufnahmebereit sein, und als drittes muß man sich eine ruhige Ecke suchen, in der man ungestört arbeiten kann. Man beginnt mit dem Rückwärtsrichten, indem man mit der Hand leichten Druck auf den Nasenrücken ausübt. Fohlen mit »Reithälsen« werden darauf, wenn sie wirklich entspannt sind, mit willigem Rückwärtstreten reagieren. Speckhalsige Fohlen und »Dickschädel«, die mit Anspannung der Halsmuskulatur gegenhalten, drückt man mit der zweiten Hand an der Brust oder Schulter und spricht ihnen gut zu, bis sie auf mehrmalige, leichte »Zweifingerparaden« am Nasenrücken endlich auch einen Schritt zurücktreten. Auch wenn dieser krumm und schief ausgefallen ist: Loben! Und gleich wieder vortreten lassen – und zwar mehrere Schritte! Läßt man sie anschließend stehen und krault sie, kann man gleich das Kommando »steh!« dazu sagen, genau wie »Zurüüück!« beim anschließenden Versuch nach rückwärts.

Beim Rückwärtsrichten muß man immer mit wenigen Tritten zufrieden sein, es strengt die Pferde sehr an. Und immer muß die Tendenz nach vorne gewahrt bleiben, das Pferd darf nicht schließlich voll Angst rückwärts stürmen lernen! Mit einigem Fleiß wird das Fohlen in wenigen Tagen, in denen man nicht länger als je fünf Minuten übt, allein auf leichten Druck der Führkette rückwärts »steuerbar« sein. Übergangsweise ersetzt man den Druck auf die Schulter durch ein leichtes Antippen der Beine oder Brust mit der Gerte. Zusammen mit der ersten Parade macht man das junge Pferd auch noch durch Stimmkommando aufmerksam. Zugleich mit dem Rückwärtstreten hat das junge Pferd nun auch schon etwas stehen gelernt – und es sogar als Belohnung für die anstrengende Arbeit aufgefaßt. Damit es jedoch wirklich länger als ein paar kurze Momente ruhig steht, muß in dieser Ausbildungsstufe seine Aufmerksamkeit noch von der ach so interessanten Umwelt abgelenkt werden, indem man leichte Paraden gibt.

Übt man das »Steh« zur Vorstellung auf einer Zuchtschau, sollte mit Trense gearbeitet werden. Nur mit dieser ist ein aufgeregtes Jungpferd ruhig auf vier Beinen stehend und mit ausdrucksvollem Hals vorzustellen. Hierzu steht man, die Zügel in der rechten Hand gefaltet, vor dem Pferd und spielt mit der rechten Hand am linken Zügel, mit der linken am rechten, dabei die Hände etwa 20 Zentimeter neben dem Maulspalt des Pferdes haltend. Das junge Pferd muß durch ständiges leichtes Spielen mit der Trense dazu angeregt werden, abzukauen und den Hals bei starker Betonung der oberen Linie lang zu machen.

Das erste Verladen

Das erste Verladen sollte keineswegs unter Zeitdruck stattfinden. Besonders günstig ist es auch, wenn damit nicht gleich eine »Schaukelfahrt« verbunden werden muß. Idealerweise nimmt man sich also einmal ein paar freie Stunden, in denen man ohne Zwang und Streß dem Fohlen das Verladen in aller Ruhe beibringen kann. Aus einem möglichst breiten Hänger mit flacher, rutschsicherer Verladeklappe (den man sich zu Übungszwecken sicher für ein paar Mark ausleihen kann!) entfernt man die Trennwand. Der Hänger darf keinesfalls kippen, muß also angehängt oder abgestützt sein. Damit die Fohlen nicht zu stark abgelenkt werden, sollte keinesfalls starker Wind wehen und unbeteiligte Zuschauer höflich gebeten werden, das Feld zu räumen!

Nun führt man das junge Pferd zusammen mit einer »Oma« oder auch mit einem genauso »grünen« Kameraden am Stallhalfter zum Hänger. Die nicht wackelnde Ladeklappe hat man vorher mit etwas Stroh und Mist von Stallgefährten bestreut – daran läßt man die Fohlen erst einmal riechen, damit sie wissen, daß hier ein »sicherer Pfad« darüber führt. Lockt man nun mit leichtem Zupfen und »komm-komm« die Fohlen, zieht nie, brüllt nicht, fuchtelt nicht mit der Peitsche herum, so wird immer wieder eines der Fohlen einen kleinen Schritt auf »seinen« Menschen zu machen – und der Kamerad wird mitmarschieren. Auch den vertrauten Hafereimer kann man dem Fohlen vor die Nase halten und das »Fortgeschrittenere« darin ein wenig naschen lassen. So werden die jungen Pferde Schritt für Schritt in den Hänger gehen. Drinnen angelangt, hält man ihnen die Hafereimer vor, während ein Helfer die Klappe schließt. Nun sollten beide Pferde noch längere Zeit angebunden drin stehen bleiben und sich in aller Ruhe »vollstopfen« können, bevor man sie wieder aus dem Hänger führt. Auch das Entladen sollte (evtl. über die Frontklappe) ohne jede Hektik und Zwang, Schritt für Schritt erfolgen. Ohne die Trennwand ist es auch möglich, kleinere bzw. kürzere Pferde, vor allem Ponies, umzudrehen und ihnen so das Rückwärtstreten zu ersparen.

Wendet man nie Zwang an – und ist vor allem selbst ruhig und nicht hektisch unter Zeitdruck! – so kann das junge Pferd in aller Ruhe »lernen«, den Hänger zu betreten und zu verlassen. So riskiert man nicht einen »Hängertick«, der ein

Vielfaches an Zeit kosten würde. Läßt man auch in Zukunft das Pferd im Hänger erst ein wenig fressen, bevor man losfährt, so wird es nie das Verladen mit einer vielleicht etwas stürmischen Fahrt in Verbindung bringen. So behandelte Pferde gehen sogar nach einem Unfall wieder gut in den Transporter.

Alleine bleiben

Gerade Fohlen brauchen den Schutz der Herde, deshalb ist das »Kleben« bei ihnen eine völlig natürliche, instinktive Verhaltensweise. Das vernünftig in der Herde aufgezogene Jungpferd muß also regelrecht – und zwar rechtzeitig vor Beginn der Arbeit – lernen, auch ohne Pferde auszukommen. Versäumt man es, das Fohlen auch ans Alleinsein zu gewöhnen, so gibt es zu Beginn der Ausbildung mehr als die unvermeidlichen kleinen Probleme, wie: Wiehern, mangelnde Konzentration sowie Drängen Richtung Stall und Gefährten. Man riskiert dann wesentlich mehr: Ein Pferd, das in totaler Panik keine Rücksicht auf sein eigenes Leben mehr kennt! Solche Pferde sind schon durch geschlossene Türen gesprungen.

Deshalb gewöhnt man am besten die Fohlen ab etwa einem Jahr vorsichtig daran, gelegentlich alleine zu bleiben. Zuerst werden die Fohlen in Nachbarboxen mit Sichtkontakt zueinander aufgestellt, dann in ein und demselben Stall, jedoch ohne Sichtkontakt, schließlich auch mal völlig alleine im Stall. Immer erhalten die Fohlen dabei Futter. Beim Fressen können sie ihre Nervosität etwas ablegen. Man läßt die Fohlen jeweils solange einzeln stehen, bis sie sich einigermaßen beruhigt haben – eine grobe Zeitangabe wären drei bis vier Stunden. Die Boxen müssen selbstverständlich ausbruchs- und verletzungssicher sein. Solche Gelegenheiten nützt man kurz vor

Beginn der Arbeit auch dazu, die jungen Pferde ans Gebiß zu gewöhnen (siehe nächster Punkt). Bleibt das Fohlen alleine schon relativ ruhig, so nimmt man es auch gelegentlich aus dem Stall in den Hofraum und bindet es dort mittels Panikhaken an. Nun putzt man es ein wenig, verschwindet auch kurz mal außer Sichtweite, bleibt jedoch immer bereit, sofort wieder zum Fohlen zurückzueilen und es zu beruhigen.

Hat das Fohlen begriffen, daß ihm nichts Schlimmes passiert, wenn es alleine ist und daß es unweigerlich wieder zur Herde zurückdarf, so wird es auch in aufregenden Situationen seinem Instinkt zu »kleben« nicht mehr so leicht unterliegen.

Gewöhnung ans Gebiß

Damit sich das junge Pferd ans Gebiß gewöhnt, stellt man es erst einige Male für ein paar Stunden aufgetrenst in eine Einzelbox. Mit Kandarenanzügen, eingeschnallten Zügeln o. ä. darf man es jedoch nicht unbeaufsichtigt stehen lassen (Verletzungsgefahr)! Auch darf man ein Pferd niemals am Gebiß anbinden – immer und ausschließlich am Stallhalfter oder Halsriemen! Damit sich das junge Pferd willig auftrensen läßt, nimmt man für den ersten Versuch eine gewöhnliche, nicht zu dicke Trense, die man durch Eintauchen in warmes Wasser auf Körpertemperatur gebracht hat.

Ängstigt sich das Pferd beim Auftrensen, so legt man erst das Halfter an und schiebt anschließend die zu diesem Zweck halb ausgeschnallte Trense seitlich ein. Das Auftrensen geschieht zwanglos unter Mithilfe der zweiten Hand, die mit dem Finger im zahnlosen Maulspalt das Pferd zum Abkauen und damit zum Öffnen des Maules anregt. Will man das junge Pferd dann bereits mit Gebiß und Zügeln arbeiten, so verwen-

det man eine Gummistange oder ein Ausbildungsgebiß, d. h. eine doppelt gebrochene Trense oder eine französische Scharniertrense. Die gewöhnliche, einmal gebrochene Trense pikst bei jedem Zügelanzug in den Gaumen und wird vom unausgebildeten Pferd nicht verstanden oder wirkt gar in die entgegengesetzte Richtung. Damit das junge Pferd bei Paraden auch ein wenig – ihm verständlichen – Druck auf den Nasenrücken erhält, muß zusätzlich ein Reithalfter mit korrekt verschnalltem Nasenriemen benutzt werden. Beläßt man während der ersten Lektionen ein Stallhalfter darunter, gibt daran zusätzlich die gewohnten Hilfen und übt ausschließlich Altgewohntes, so wird sich das junge Pferd schnell auf die über das Gebiß gegebenen Hilfen einstellen.

Die Einwirkung auf den Nasenrücken wird instinktmäßig befolgt. Der Sinn der Einwirkung über das Gebiß auf die Laden muß vom Pferd erst erlernt werden – d. h. dazu ist eine gründliche Ausbildung nötig. Um das junge Pferd möglichst schnell auszubilden, suchte man, den auf den Instinkt wirkenden beizäumenden Druck auf den Nasenrücken möglichst weitgehend zu erhalten. Zu diesem Zweck wurde das »Sperrhalfter« entwickelt. Sperrt das Pferd nun bei harter Handeinwirkung, fügt es sich selbst beizäumenden Druck auf den Nasenrücken zu. Leider Gottes ist Sinn und Zweck des Sperrhalfters – nämlich, dem Pferd am Anfang der Ausbildung unmißverständlich zu zeigen, was gemeint ist – inzwischen zu Unsitte verkommen. Kaum ein Reiter denkt jemals über Sinn und Wirkung des Sperrhalfters nach und meint, anders ließe sich ein Pferd eben nicht reiten. So dient denn das Sperrhalfter überwiegend dazu, eine ungeschmeidige Hand zu kaschieren, und stellt im übrigen für das ausgebildete Pferd völlig unnötig eine Quelle ständigen Unbehagens dar.

Putzen, Waschen, Abspritzen

Durch gründliches Putzen wird das junge Pferd auf angenehme Art und Weise daran gewöhnt, sich am ganzen Körper berühren zu lassen. So vorbereitet, wird es sich auch, ohne mit großen Verspannungen zu reagieren, Gurt, Sattel, Geschirr und Schweifriemen anlegen lassen.

Das Langhaar wäscht man dem jungen Pferd erstmals am besten in der gewohnten Box, wobei es nicht angebunden sein soll. Ein Helfer kann am Kopf stehen und es beruhigen. Den Schweif taucht man hierbei in einen Eimer mit angewärmtem Wasser und für die Mähne werden Schwammhandschuhe benutzt. Zum erstmaligen Abtrocknen nimmt man keinesfalls ein weißes Handtuch, da helle Gegenstände vom unerfahrenen Pferd sehr gefürchtet werden.

Die Beine bürstet man erst einige Male mit Wasser ab, bevor man sich an den Wasserschlauch wagt. Zum Abspritzen darf das Pferd – auch später! – nie angebunden werden. An Führleine oder mit Zügeln gehalten, spritzt man ihm mit sanftem Strahl die Beine, bei den Hufen beginnend, ab. Dabei darf kaltes Wasser immer nur am gründlich durchwärmten Pferd angewandt werden. Die empfindlichen Fesseln sind anschließend sorgfältig trocken zu reiben.

Eine Ganzwäsche erhält das Pferd erst, wenn es tüchtig gearbeitet hat und zur Gänze verschwitzt ist – und nur bei warmem Wetter und Sonnenschein. Die Schlauchöffnung zeigt bei der Anwendung an den Beinen immer nach oben, am Körper dagegen nach unten. Nach der Wäsche wird das Pferd mit dem Schweißmesser abgezogen und, um eine Erkältung zu vermeiden, in der Sonne solange Schritt geführt, bis es trocken ist.

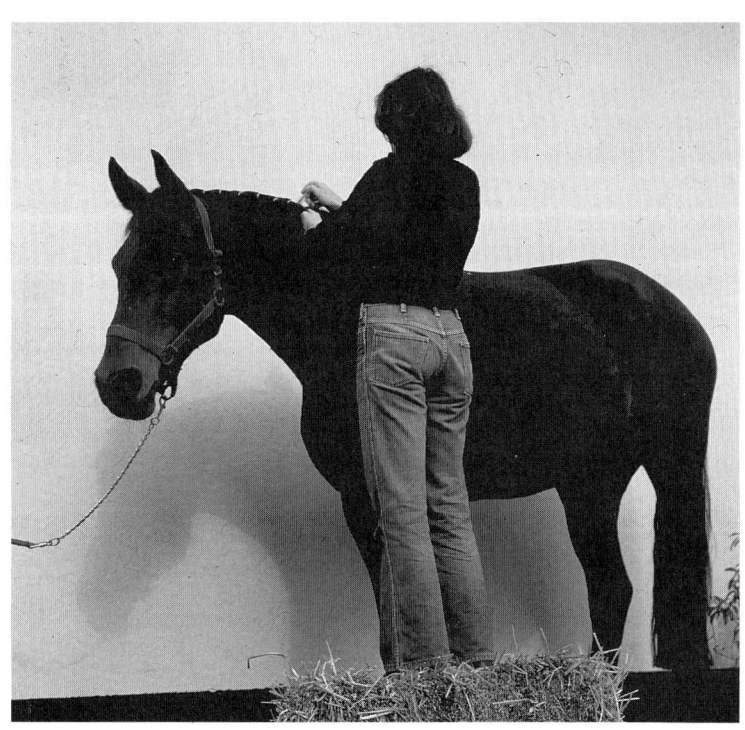

Auch das Frisieren kann man mit dem jungen Pferd schon üben, bevor der Ernstfall eintritt.

Grundausbildung

»Hilf Dir selbst, so hilft Dir Gott.« Die in der »Grundausbildung« gegebenen Ratschläge sollen weder Reit- noch Fahrlehre sein. Sie können mit Sicherheit auch nicht für alle Reiter und für alle Remonten zutreffen. Zwar ist die Grundausbildung für alle Stilarten ziemlich ähnlich, und erst dann treten die Unterschiede »im Stil« klar zutage. Dennoch wird von 99 Ausbildern jeder anders arbeiten und auch andere Ansichten über das Reiten haben. Das heißt, sofern er auch wirklich eine eigene Meinung hat! Und nicht etwa nur kritiklos nachplappert, ohne flexibel auf das individuelle Pferd und den individuellen Reiter mitsamt ihren mentalen und physiologischen Problemen einzugehen.

Selbstverständlich gibt es für jedes Pferd *seinen* individuell besten Weg zur Ausbildung, mit dem man es ihm am leichtesten machen kann. Genauso hat jeder Ausbilder *seine* Methode, mit der er sich am leichtesten »den« Pferden verständlich machen kann. Und häufig kann keiner – weder Pferd noch Ausbilder – so recht über seinen Schatten springen. In diesem Fall kann man nur entweder sagen: Rauft Euch zusammen! Oder aber: Hilf Dir selbst, so hilft Dir Gott! Suchen Sie solange, bis Sie eine Möglichkeit gefunden haben, sich mit diesem Pferd zu verständigen und es zur willigen Mitarbeit zu bringen. Auch eine unkonventionelle Art der Ausbildung kann durchaus zu einem guten Resultat führen. In diesem Sinne spiegeln die folgenden Ratschläge auch unsere subjektiven Erfahrungen mit unseren jungen Pferden wieder.

Das junge Pferd lernt arbeiten

Gewöhnung an Stimm- und Peitschenhilfe

Wenig lauffreudige Pferde reagieren auf die ihnen unbekannte Peitschenhilfe mit Unverständnis, kampfbetonte mit Abwehr. Deshalb sollte man die jungen Pferde in der Herde, wo sie ihrem Herdendrang folgend vorwärts gehen, an den Einsatz der Peitsche gewöhnen. Erfahrene Pferde werden sich in der Koppel auf »na komm«, »Marsch«, »hinaus« »Terrab«, »Galopp« beim Anblick der bereitgehaltenen Peitsche in Bewegung setzen. Während die Jungpferde ihnen folgen, touchiert man diese am Gurt bzw. trockenen Hinterbein (= Sprunggelenk, Röhre) unter entsprechender Stimmhilfe. Dabei soll die Peitsche ausschließlich gezielt eingesetzt, nicht aber wild geschwungen oder gar damit geknallt werden. Die jungen Pferde sollen die Peitsche nicht fürchten, sondern sie als Hilfsmittel kennen und respektieren lernen.

Durch »Scheeriitt«, »hoooh«, »haalt« und »steh« ist dann die ganze Herde zu beruhigen. Anschließend lobt man alle und gibt den Neulingen Gelegenheit, die Peitsche zu beriechen. Dies wiederholt man bei mehreren Gelegenheiten, bis die jungen Pferde gelernt haben, sich auf Stimmkommando und Anlegen der Peitsche nach vorwärts-auswärts in Bewegung zu setzen, also die treibende wie die weichende Hilfe angenommen haben. Erst dann kann man mit dem Longieren beginnen.

Erhöhung der Aufmerksamkeit

Arbeit verlangt vom Pferd erhöhte Aufmerksamkeit – genauso, wie sie dem Ausbilder volle Konzentration abverlangt. Durch ständig »lebendige« Hände, durch Stimmhilfen, durch häufig wechselnde

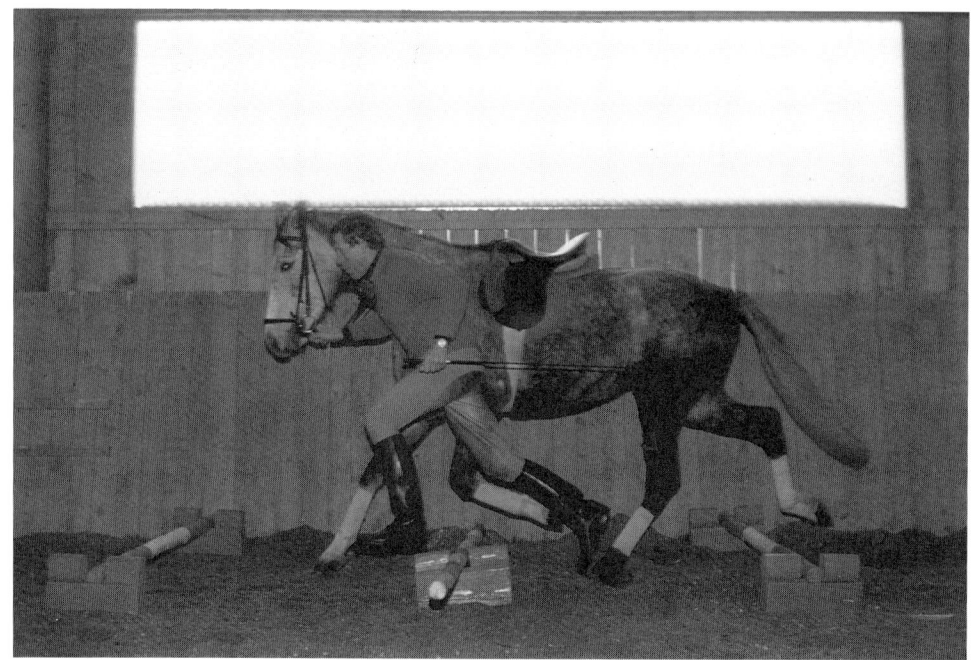

Cavaletti-Arbeit an der Hand mit richtigem Einsatz der Gerte: Vorbildlich für Grundausbildung (Dehnung vorwärts-abwärts, Lockerung), Vorbereitung zum Freispringen.

»Hallo – hier bin ich!« – Der Ausbilder muß dem jungen Pferd Aufmerksamkeit abverlangen.

Anforderungen und abwechslungsreiche Arbeit erhöht man die Aufmerksamkeit der jungen Pferde. Dadurch, daß man nur kurze Zeit, dafür aber um so intensiver mit dem Pferd arbeitet, erhält man die Aufmerksamkeit auch auf höchstem Niveau. Mit dem schon belastbareren Pferd arbeitet man dann intervallmäßig. Kurze Phasen höchster Konzentration werden durch lange, der Entspannung und der Erholung dienende Abschnitte eingeleitet, unterbrochen und beendet. (Schritt, vor allem Spazierenführen dient bei jungen Pferden vorzugsweise zu diesem »Lösen«.)

Erhalten der Leistungsbereitschaft

Damit ein junges Pferd leistungsbereit ist, muß es willig sein. Das charakterlich einwandfreie, unverdorbene und wohlerzogene junge Pferd ist willig und in aller Regel leistungsbereit. Es muß aber auch körperlich absolut fit und den gestellten Anforderungen mühelos gewachsen sein, sonst erlischt diese anfängliche Bereitschaft bald wieder. Ein Pferd, das sich für seine Leistung gelobt sieht, das die gestellten Anforderungen ohne Verspannung bewältigen kann, das gesund und kräftig ist, dem die abwechslungsreiche Arbeit Freude macht, wird Sie mit einer stetigen Leistungsbereitschaft belohnen. Überfordern Sie das Pferd hingegen, stellen zu schnell oder zu lange erhöhte Anforderungen an das Pferd, so wird es sauer werden und schließlich notgedrungen lernen, sich zu drücken. Den »Drückeberger« muß man dann mit nachdrücklicher Peitschenhilfe wieder an die Front bringen – und erzwungene »Willigkeit« ist meilenweit entfernt von Freiwilligkeit! Die körperliche Leistungsfähigkeit des widerwillig oder gar unter Angst arbeitenden Pferdes ist denn auch meilenweit von der eines leistungsbereiten Pferdes entfernt, der Lernfortschritt beim unwilli-

Erhaltung der Leistungsbereitschaft des Pferdes und Konditionstraining für den Reiter!

gen gering, beim ängstlichen gleich Null oder gar negativ. Auch nach intensiver Arbeit muß etwas für die Erhaltung der Leistungsbereitschaft getan werden. Bringt man das Pferd nach längerer Schrittphase trocken und munter zum Stall zurück, wartet es sorgfältig ab, lobt es tüchtig, schüttet ihm seine Belohnung vor, entläßt es dann noch auf die Koppel, so wird es am nächsten Tag frohen Mutes den neuen Anforderungen entgegensehen.

Wahl des Ausbildungsplatzes

Für die Ausbildung ist absolute Konzentration, sowohl des Ausbilders als auch des Pferdes unabdingbare Voraussetzung. Eine ruhige, sichtabgeschirmte Ecke ist also bereits für die Arbeit an der Hand Mindestbedingung. Jeder sichtbare bewegte Gegenstand, jedes Lebewesen bringt sonst das junge Pferd, solange es noch nicht an den Hilfen steht, von seiner wackeligen Konzentration ab und aus der Fassung. Ist der Ausbildungsplatz geschlossen, so ist dies von enormem Vorteil, und zwar für die Selbstsicherheit des Ausbilders! Er weiß, daß er es sich notfalls leisten könnte, seine Remonte »laufen zu lassen«, ohne daß etwas Schlimmes passiert (man denke nur an einen Autounfall!). Dadurch hat der Ausbilder viel mehr Ruhe und Gelassenheit in kritischen Situationen und ist nicht versucht, hektisch oder brutal einzugreifen. Und eben diese besonnene, kühle und selbstsichere Art überzeugt das Jungpferd von der Autorität des Ausbilders, bringt es zur Vernunft statt zum Durchdrehen.

Bande, Wand, Zaun und Ecke ermöglichen auch die Anlehnung und erleichtern damit die Arbeit mit den noch nicht gerade gerichteten Remonten. Der Ausbildungsplatz muß außerdem über einen rutschfesten und ebenen Boden verfügen. Die idealen Voraussetzungen bietet also die Halle. Als zweitbestes ist ein eingezäunter und gesandeter Platz, danach die Koppel geeignet. Hat man nur eine Graskoppel für die Ausbildung zur Verfügung, so kann man nicht mit Sicherheit täglich mit dem jungen Pferd arbeiten, was aber gerade zu Beginn der Ausbildung dringend erforderlich wäre. Wird man durch Schlechtwetterperioden unterbrochen, so muß man wenigstens täglich longieren, ein wenig an der Hand arbeiten oder Jogging mit dem Pferd machen.

Die üblichen Hallen- bzw. Reitplatzabmessungen von 20 × 40 Metern reichen für einen Großteil der Longen- und Reitausbildung aus. Den Galopp unter dem Reiter zu erlernen, fällt jedoch manchen Pferden bei diesen Abmessungen schwer. Mit diesen sollte man die Galopparbeit im Gelände, möglichst mit einem Führpferd, beginnen und erst, wenn der Geländegalopp gefestigt ist, auf dem Platz galoppieren. Das angehende Fahrpferd ist ebenfalls wesentlich sicherer als irgendwo anders in einer Halle auszubilden. Die normalen Hallenabmessungen sind jedoch zum Fahren ein wenig knapp. Das eingespannte Pferd kann nur auf der Diagonalen oder an der langen Seite ein kurzes Stück geradeaus gehen, sonst befindet es sich ständig in einer Volte (die beim Fahren 20 m Durchmesser hat – Normalabmessung eines Fahrplatzes ist 40 × 80 m!) Bereits eine Breite von 25 m bringt spürbare Vorteile. Sobald das junge Fahrpferd sicher genug geht, sollte man es überwiegend mit einem möglichst ruhigen Pferd zusammen zweispännig auf der Straße vorwärts fahren. So gelangt das junge Pferd, das in der engen Halle ständig mit Umstellung und Wendung fertig werden mußte, schneller zu Ruhe, Sicherheit und Takt.

Aufbau der Stunde und Trainingseinteilung

Die Arbeitsstunde bleibt in ihrem Grundaufbau während des ganzen Pferdelebens gleich. Erst einmal stimmt man das Pferd »seelisch« auf die kommenden Anforderungen ein. Dies gehört unbedingt dazu: Ein Pferd, das aus seinem schönsten Nickerchen gerissen, mit Geschirr oder Sattel überfallen und hinausgehetzt wird, ist verständlicherweise nicht ganz bei »Laune« und wohl kaum so richtig von Anfang an bei der Sache. Läuft hingegen ein wohlbekanntes Zeremoniell ab: Putzen, Hufe auskratzen, ein wenig riechen lassen an Sattel und Trense, locker gurten usw. – so hat sich das Pferd mit dem Gedanken an die kommende Arbeit schon angefreundet.

Dann folgt das »Lösen«. In dieser Phase muß das Pferd locker werden, seine

Muskeln aufwärmen – wie es auch jeder menschliche Athlet vor dem Start macht. Holt man das Pferd nicht aus dem Stall, sondern von der Koppel, so verkürzt sich diese Phase entsprechend. Bei Pferden im Longenstadium entspricht dieses Lösen dem Führen an der Hand. Remonten sowie heftige ältere Pferde werden zum Lösen longiert, bereits fortgeschrittenere Pferde, die nicht gleich nervig »loslegen« wollen, wärmt man im Schritt am langen Zügel (am besten im Gelände) auf.

Danach kommt eine Phase, in der man bereits gut Gelerntes wiederholt und sich dabei langsam Aufmerksamkeit und Konzentration des Pferdes erarbeitet. Das Pferd wird dabei vorwärts geritten bzw. gefahren, sein Rücken muß zum Schwingen kommen, das Pferd sich also »losgelassen tragen«. Erst jetzt kann man »Neues« oder »Schweres« für *wenige Minuten* mit dem Pferd üben. Dies bleibt bis in die höchsten Klassen so! Auch hier ist höchste Versammlung nur kurze Zeit zu erzielen, und gänzlich neue Lektionen sind nur kurz anzudeuten. Danach kommt sofort eine Phase, in der sich das Pferd wieder strecken und lang machen darf, jedoch nicht bummeln, sondern vorwärts gehen soll.

Etwas ältere Pferde mit genügend Konzentrationsfähigkeit und Kondition kann man solcherart auch intervallmäßig arbeiten. Hierbei ist es für den Rücken oftmals günstig, wenn man zwischendurch absteigt, den Gurt lockert und das Pferd führt oder grasen läßt. Den Abschluß der Arbeitsstunde bildet immer das »Langmachen«, am besten wieder im flotten Schritt im Gelände am hingegebenen Zügel oder gar an der Hand. Das Pferd wird so auch trocken zum Stall zurückgebracht.

Dort wartet man es noch sorgfältig ab (d. h. die Beine werden abgespritzt, die Hufe ausgekratzt, das verklebte Fell wird gelockert und die Hufe gefettet), lobt es tüchtig und schüttet ihm etwas »materielle Belohnung« in die Krippe. Anschließend entläßt man es wieder auf die Koppel und in die Herde. Ist dies nicht möglich, so sollte es nach getaner Arbeit wenigstens die Gelegenheit haben, ein wenig frei zu laufen und sich zu wälzen (z. B. in der Reithalle oder in einem Paddock).

Generell muß man den Pferden die Arbeit so abwechslungsreich wie möglich machen, damit sie die Freude daran behalten. Dazu gehört auch, daß man nicht tagaus, tagein das gleiche Pensum – oder die gleiche Strecke – bewältigt. Man legt also neben »Dressurtagen« auch »Spring- oder Gymnastikstunden« ein, macht mindestens einmal in der Woche einen langen und gemütlichen Ausritt – und nicht jedesmal in die gleiche Richtung! Sehr, sehr wichtig ist der Schritt – erst dieser bringt Kondition und vor allem echte Belastbarkeit des Fundaments. Zwischendrin fährt man das Pferd – je weniger es zu ziehen hat, umso besser werden Losgelassenheit und Vorwärtsdrang gefördert, dies wirkt sich wiederum äußerst vorteilhaft auf die Leistung unter dem Sattel aus.

Kurz vor schweren Anforderungen (z. B. Leistungsprüfung) ist die Trainingsanforderung entsprechend zu reduzieren, am letzten Tag nur mehr ein leichter Ausritt zu unternehmen – sonst fehlt dem »übertrainierten« Pferd der nötige Biß. Steht am nächsten Tag hingegen eine reine »Nervenzerreißprobe« auf dem Programm (z. B. ein Festumzug), so ist das junge oder gar nervige Pferd solange ruhig zu arbeiten, bis aller Übermut oder nervöser Bewegungsdrang verschwunden ist und das Pferd völlig zur Ruhe kommt.

Ziel der Grundausbildung: Geregelte Arbeit

Vorwärts und gerade

»Reite dein Pferd vorwärts und richte es gerade« – dies ist ein alter Spruch, der aber nach wie vor brandaktuell ist. Die Gehlust des Pferdes muß ständig erhalten und gefördert werden – denn Reiten wie Fahren leben vom Vorwärtsdrang des Pferdes! Damit man auch mit einem ungestümen jungen Pferd »vorwärts reiten« kann (und es nicht zurückhalten muß), arbeitet man es erst an der Longe, bevor man aufsitzt oder einspannt. Anschließend kommt man auch mit einem Temperamentsbündel zum Vorwärtsreiten und zu geregelter Arbeit – aus nervösem Übermut ist nun gesunder Nerv und Vorwärtsdrang geworden. Problematischer ist es fast, bewegungsfaule junge Pferde »mit Anstand« vorwärts zu reiten, sie können einem die Lust am Reiten schon nehmen! Hier ist auf Steigerung der Kondition durch viel Schrittarbeit sowie konzentrierte Fütterung bei Behebung evtl. Gesundheitsmängel (z. B. Entwurmung) zu achten. Auch ein Führpferd bringt oftmals die gewünschte Reaktion, und das junge, unsichere Pferd versteht endlich, was es soll, und reagiert weniger phlegmatisch auf die (vielleicht nicht unmißverständlich genug gegebenen) teibenden Hilfen.

Die natürliche Schiefe des jungen Pferdes kann nicht ausschließlich durch »vorwärts- und geradeaus-«-Reiten behoben werden. Das Pferd muß schon gezielt dazu angehalten werden, sich auf der steifen Seite zu strecken und dadurch auch hier an den (»äußeren«) Zügel zu treten. Die einseitig schwächere Muskulatur muß gekräftigt werden, bis das Pferd auf beiden Seiten gleichmäßig geschmeidig ist. Um dieses Ziel zu erreichen, biegt man das junge Pferd auf gro-

ßen Linien (Zirkel, Schlangenlinien, drei Bögen durch die ganze Bahn), vorzugsweise im Schritt, aber auch im Leichttraben. Das junge Pferd muß dabei konsequent vorwärts-abwärts bei möglichst viel eigenem Vorwärtsdrang geritten werden. Hierbei treibt der innere Schenkel das Pferd gegen den äußeren Zügel, der äußere Schenkel verwahrt (= begrenzt) dezent. Auf der steiferen Seite soll das Pferd prozentual mehr gearbeitet werden. Häufige Hand- und Gangartenwechsel beugen einer Verkrampfung vor. Eine ideale Ergänzung ist regelmäßige Arbeit an der Doppellonge. Abwechslungsreiche Arbeit, allgemeine Gymnastik wie Stangentraben, Klettern im Gelände usw. helfen, die gesamte Muskualtur gleichmäßig auszubilden und geschmeidig zu machen. Dies unterstützt und beschleunigt den Prozeß des Geraderichtens – der nie für die Dauer gewonnen werden kann und an dem der Reiter ständig zu arbeiten hat. Ist die »natürliche Schiefe« des Pferdes endlich überwunden, so schlägt das Pendel nach der anderen Seite aus. Wird das Pferd aus dem Training genommen, fällt es wieder in seine natürliche Schiefe zurück und wird auch wieder steif.

Losgelassenheit

»Losgelassenheit« – dieses Wort birgt den Kern »gelassen«. Bevor das junge Pferd nicht wirklich gelassen wird, kann es sich auch nicht »loslassen«, also auch nicht locker, mit schwingendem Rücken treten. Bis sich das junge Pferd an die Arbeit gewöhnt hat, wird es immer aufgeregt und verspannt sein und sich daher nicht wirklich loslassen können. Ständige ruhige, leicht zu bewältigende Arbeit, gute Behandlung, entsprechendes Lob geben dem jungen Pferd die Gewißheit, daß es alles richtig macht, und bringen es zur inneren Ruhe. Nur dann kann es sich loslassen! Korrekturen, die nötig sind, gibt man in aller Ruhe und deutlich, damit das junge Pferd auch weiß, was es falsch gemacht hat. Danach gibt man sich mit einem kleinen Erfolg zufrieden und lobt das Pferd, damit es sich wieder beruhigen kann.

Es hat keinerlei Sinn, dem Pferd noch zu schwere Lektionen mehrmals hintereinander abzuverlangen und bei Mißlingen jeweils Gehlust, Losgelassenheit und Sicherheit mit harter Hand abzuwürgen (z. B. mehrmaliges falsches Angaloppieren in der Halle mit anschließendem Durchparieren). Hier muß der Mensch seinen Verstand anwenden und Mittel und Wege suchen, wie er das Pferd ohne Aufregung ausbilden kann (z. B. Angaloppieren im Gelände, wobei man das falsch angaloppierte Pferd nicht gleich wieder durchpariert und sich langsam an die für dieses Pferd in diesem Ausbildungsstadium beste Methode der Hilfengebung herantastet). Bei nicht überforderten, sondern vom Temperament her übernervösen Pferden hat sich die regelmäßige Verfütterung von Bierhefe als vorteilhaft erwiesen. Diese Pferde sind besonders sorgfältig ruhig zu arbeiten – zu scharfes Tempo bringt sie häufig nicht zur Losgelassenheit, sondern in Rennstimmung.

Faule Pferde hingegen möchten gern vorwärts geritten werden, um sich zu lösen – ist ihr Kreislauf erst einmal in Schwung gekommen, so reagieren auch sie nicht mehr mit Laschheit oder Abwehr, sondern mit der gewünschten, elastischen Losgelassenheit.

Als zusätzliches, gymnastisches Mittel ist Stangentraben empfehlenswert.

Ein wirklich losgelassenes Pferd tritt locker und taktrein bei schwingendem Rücken, ohne sich in irgendwelchen Partien festzuhalten. Die optischen Zeichen, auf die der Dressurrichter besonders achtet, sind: Zufriedenes Abkauen und ein locker pendelnder Schweif. Erst ein losgelassenes Pferd kann auch durchlässig sein. Nur ein durchlässiges Pferd kann die Hilfen »auf den Punkt« annehmen.

Der Takt

»Takt« ist heutzutage leider fast schon höhere Reitkunst. Zwar haben viele Pferde von Haus aus »Taktstörungen«, oder eine schwache = unsaubere Gangart. Viele haben zwar Takt – aber nicht den gewünschten, großpferdemäßig langsamen Takt, sondern den »Ponytakt« (den viele Dressurrichter auch beim Pony nicht akzeptieren) oder gar einen »Nähmaschinentakt«. Jedoch zeigen die meisten Pferde gleichmäßigen Takt beim Freilaufen, an der Hand, beim Longieren, auch noch beim Fahren – und beim Reiten ist er dann plötzlich weg. Ein möglicher Grund: Der Rücken. Ein zweiter: Der »störend« einwirkende Reiter. Je mehr der Reiter einwirkt, um so mehr wird das Pferd beeinflußt, von seinem natürlichen Takt abzuweichen. Geschieht die Einwirkung zudem überproportional mit der Hand, so verliert das Pferd auch noch an Gang, das heißt an Raumgriff, wobei die Gänge jedoch meist auch unsauber, d. h. taktunrein werden (paßartiger Schritt, Galopp nicht mehr im Dreitakt usw.).

Wird das übereifrige junge Pferd unter dem Reiter anfangs nur etwas eiliger im Takt, ohne daß jedoch die Trittfolge gestört wird, so ist dies nicht so tragisch zu nehmen. Keinesfalls darf man aber die Remonte mit ständigen Paraden zu einem ruhigeren Takt zwingen wollen. Reitet man mit weich nachgebender Hand weiter vorwärts, trabt dazu ein wenig über Stangen, so wird sich das junge Pferd bald loslassen und sich dann auch nicht mehr übereilen. Bevor man – später! – durch leichte Paraden und vermehrte Anlehnung (immer verbunden mit vermehrtem Treiben!) Takt und Tempi aktiv beeinflussen kann, muß man das Pferd erst »seinen« Arbeitstakt selbst finden lassen.

Zu seinem geregelten Takt findet das Pferd am leichtesten, wenn es völlig entspannt und vom Reiter weitgehend ungestört nur dem Herdendrang zu folgen braucht: In der Reitergruppe (oder auch im Zwei- oder Mehrspänner), wobei man längere Strecken in gleichbleibendem, ruhigem Tempo zurücklegen soll. Erhalten läßt sich der so (wieder-)gefundene Takt nur, indem man ausschließlich so dezent einwirkt, daß dieser Takt nicht wieder verloren geht! Dies bedingt gleichzeitig eine entsprechend lange Ausbildungszeit, in der ein solider Grundstein für spätere schwere Anforderungen gelegt wird.

Die leichte Anlehnung

Die Anlehnung kann man in Gewicht ausdrücken: Nämlich in den Gramm, Pfunden oder gar Kilos, die man in den Händen »halten« muß. Ein voll ausgebildetes Westernpferd trägt praktisch nur die durchhängenden Zügel und geht in freier Selbsthaltung mit minimaler Anlehnung, die man fast mit »Kontaktgefühl« beschreiben möchte. Ein Fahrpferd, das recht stramm rangeht, bringt dagegen oft mehr als die obligatorischen 500–1000 Gramm, die ans Ende der Leinen des Achenbach'schen Fahrlehrgeräts gehängt werden. Dazwischen sollte in der Grundausbildung das Reitpferd liegen: Deutlich in der Anlehnung, aber weicher als das Fahrpferd am Gebiß stehend. Ganz besonders dem jungen Pferd, das ja erst lernen muß, sich in der oberen Linie zu dehnen, muß dies mit weicher, einfühlsamer Hand erlaubt werden. Der Reiter darf sich die Anlehnung keinesfalls mit der Hand holen – das Pferd muß sich als Antwort auf das Treiben die Anleh-

nung, der weich nachgebenden Hand folgend, selbst suchen, indem es sich ans Gebiß hinstreckt.

Das junge Pferd soll also möglichst leichte Anlehnung nehmen – gerade soviel, daß es sich sicher fühlt. Legt es sich auf die Hand, so soll man mit kleinen Paraden und sofort einfühlsam nachgebender Hand reagieren. Zu heftig ans Gebiß gehen viele junge (unausgebundene) Pferde an der Longe. Dies ist ein Zeichen, daß sie noch nicht wissen, was man von ihnen will und ist auch bedingt durch ihre geringe Fähigkeit, sich zu biegen. Liegt ein ausgebildetes Pferd jedoch ständig zu schwer auf der Hand, so ist dies häufig die Quittung für ständig zu harte Handeinwirkung. Dieser grundlegende Fehler ist genau wie die fehlende Anlehnung (= über oder hinter dem Zügel) oder die unsaubere Anlehnung (= Hängen am inneren oder auch äußeren Zügel) ein Zeichen ungenügender Ausbildung von Reiter und/oder Pferd und kann auf Dauer nur durch Treiben an die weich nachgebende Hand (= zur sauberen »Dehnungshaltung« vorwärts-abwärts) korrigiert und vermieden werden.

Der äußere Zügel

Immer, wenn das Pferd gebogen oder gestellt ist, muß es sich »außen« strecken, d. h. die Anlehnung am äußeren Zügel suchen. Man darf sich diese Anlehnung keinesfalls »rückwärts« mit der Hand holen. Im Gegenteil, die Hände müssen so freundlich wie möglich bleiben. Der innere Schenkel treibt das Pferd an den äußeren Zügel. Beim Longieren ersetzt analog die Peitsche am Gurt den Schenkel. Beim Zweispännigfahren ist es unmöglich, diese Stelle beim äußeren Pferd zu erreichen. Daher kann man erst mit dem durch Doppellonge bzw. Reiten an den äußeren Zügel gebrachten Pferd gut zwei- oder mehrspännig fahren.

Beim Reiten erzielt man die Anlehnung an den äußeren Zügel – und die dazu gehörende Fähigkeit und Bereitschaft, sich zu biegen – durch korrektes Treiben mit dem inneren Schenkel bei entsprechendem Verwahren (= Begrenzen) mit dem äußeren. Dabei reitet man mit dem jungen, steifen oder zumindest einseitigen Pferd vorzugsweise im Schritt auf großen Linien (Zirkel, Schlangenlinien drei Bögen durch die ganze Bahn). Hervorragend geeignet, das Pferd an den äußeren Zügel zu bekommen, ist die Lektion »Schenkelweichen«. Im höheren Tempo (schneller Trab, Galopp) geht jedes junge Pferd, das noch nicht mit seinem Reiter im Gleichgewicht ist, »über die Schulter« und hängt damit am inneren Zügel, statt am äußeren zu gehen. Das Pferd balanciert nämlich normalerweise sein Gleichgewicht im schnellen Kurvenlauf dadurch aus, daß es sich in die Kurve legt und den Hals bei vorwärtsauswärts gestreckter Nase als Balancierstange nach oben hält.

Erst sauberes Treten mit dem inneren Hinterbein unter den gemeinsamen Schwerpunkt (sowie vor scharfen Wendungen entsprechendes »Aufnehmen«) ermöglicht reelle Biegung und sauberes Treten an den äußeren Zügel und damit in allen Situationen ein »kontrolliertes Gleichgewicht«. Geht ihr Pferd sauber am äußeren Zügel, so ist es nicht mehr »grün«. Werfen Sie zur Kontrolle einmal im Galopp den inneren Zügel weg (also im Linksgalopp den linken, im Rechtsgalopp den rechten). Galoppiert Ihr Pferd unbeirrt auf der gleichen Linie und im gleichen Takt weiter, so können Sie ausrufen: »Heureka, es ist geschafft!« Denn nun ist Ihr Pferd keine Remonte mehr, sondern ein richtiges Reitpferd.

Alternative Reitweisen – und »Anlehnung« »am äußeren Zügel«?

Sind Sie ein Anhänger einer alternativen Reitweise, so sagen Sie möglicherweise jetzt: »So'n Quatsch! Anlehnung! Äußerer Zügel! Geht mich nichts an. Ich habe ein Spitze-Westernpferd. Wenn das mal aus der Biegung ausfällt, bring ich es mit innerem Zügel und äußerem Schenkel ein Sekündchen lang zum Nachdenken – und dann läuft die Chose wieder ganz von allein. Diese Englisch-Reiter machen alles verkehrt rum...« Ja, bei einem gut ausgebildeten Pferd reicht »das bißchen Erinnern« ja auch! Reiten Sie aber nun erstmals ein Greenhorn zu, so werden Sie verblüfft feststellen, daß da vorerst nichts ist mit »gelegentlich angedeuteten Hilfen oder Zeichen«. Zu allererst muß dem jungen Pferd unmißverständlich gezeigt werden, was es soll, und ihm so viel wie möglich geholfen werden. Es kann ja schließlich nicht hellsehen!

Im Laufe der Zeit kann man dann erst (auch beim Westernpferd!) die Hilfen kontinuierlich verfeinern und schließlich seine Wünsche nur noch andeuten. Vielleicht werden Sie sich bald verblüfft dabei ertappen, wie Sie Ihr junges Pferd an den Zügel – oder gar an den äußeren Zügel heranreiten wollen... Und am Ende gar feststellen, daß bei der *Grundausbildung* gar keine so großen Unterschiede bestehen. Beim Blick über den Zaun werden Sie sehen, daß auch der »Englische« oder FN-Reiter anfangs seinen Stil variieren muß und improvisiert – das heißt, z. B. aufs »Kreuz« verzichtet, den Zügel gelegentlich seitwärts führt und – wie schrecklich! – gar die Stimme zu Hilfe nimmt (von einem Richter oder Reitlehrer würde er sich nie bei sowas erwischen lassen...)

Der Ernst des Lebens beginnt – die Longenarbeit

Zweck der einleitenden Longenarbeit

Mit dem Longieren bezweckt man bei jungen Pferden zweierlei: Das junge Pferd soll erstens an die Hilfen gestellt und zweitens gymnastiziert und bemuskelt und damit zu körperlicher Arbeit befähigt werden.

Sinnvolles Longieren des jungen Pferdes

An der Longe geht das Pferd überwiegend auf einem Zirkel mit einem Durchmesser von mindestens 12 Metern. Durch diese unnatürliche Einengung seines Bewegungsspielraumes verliert das junge Pferd vorerst sein Gleichgewicht. Bis es dieses voll wiedergefunden hat, darf es keinesfalls ausgebunden oder durch Hilfszügel »mechanisch«, also starr, daran gehindert werden, sich frei auszubalancieren. Wir longieren deshalb das junge Pferd mit einer einfachen Longe, deren Karabiner durch den inneren Ring des Halfters, bzw. der Trense gezogen, unter dem Kinn durchgeführt und am äußeren Ring eingehängt wurde. So ersetzten wir den »äußeren Zügel«, an den das junge Pferd nun treten lernen muß.

Damit das junge Pferd sich entsprechend der Hufschlagfigur (also dem Zirkelkreis) biegt, muß die Peitsche am Gurt (= dem inneren Schenkel) treibend eingesetzt werden. Geht das Pferd in Außenstellung, so gibt man kurze Paraden bei vermehrtem Treiben am Gurt, bis es im Hals nachgibt und sich durch vermehrtes Treten zu biegen anfängt. Dabei ermöglicht man ihm mit jeweils sofort wieder weich werdender Hand das Treten an den »äußern Zügel«. Sehr wichtig ist von Anfang

an häufiger Handwechsel, damit beugt man Einseitigkeit und Verkrampfungen vor. Dem jungen Pferd muß zu Beginn der Stunde jeweils erlaubt werden, sich auszubuckeln, bzw. eine übermäßige Gehlust auszutoben. Erst dann kann es längere Zeit in ruhigem Trab und dann auch im Schritt bis zur vollen Losgelassenheit gearbeitet werden. Um Aufmerksamkeit und Losgelassenheit zu fördern, arbeitet man, sobald sich der erste Übermut gelegt hat, auch über Stangen und Cavaletti. Über diese soll das junge Pferd schreiten, traben und auch springen. Ein bis zwei kleine Sprünge, die man gelegentlich auf der Zirkellinie aufbaut, fördern Aufwölbung des Rückens, Galoppade und Geschicklichkeit. (Hierfür kann man sehr einfach jeweils zwei Strohballen und eine Stange verwenden, der Abstand der beiden Sprünge muß passend sein.) Um Konzentration und Arbeitslust zu erhalten, dürfen solche Aufgaben jeweils nur kurz geübt werden.

Die Arbeit sollte für das junge Pferd so abwechslungsreich wie möglich gestaltet werden. Deshalb bleibt man nicht ständig auf ein und derselben Zirkellinie, sondern übt auch »Zirkel verkleinern und vergrößern«, läßt es auch mal »ganze Bahn« bzw. Schlangenlinien gehen – hierbei heißt es auf der Mittellinie mitlaufen, das Pferd der Peitsche weichen lassen und es mit weicher Hand auf einer Zirkellinie wieder nach innen holen. Steht das junge Pferd einigermaßen an den Hilfen und hat an der Longe in allen Gangarten sein Gleichgewicht wiedergefunden, so kann man es an der Doppellonge weiterarbeiten oder mit dem Kappzaun, der sinnvoll ohne Ausbindezügel nicht einsetzbar ist (sonst fehlt der äußere Zügel). Auch mit Ausbindezügeln bzw. Hilfszügeln in Verbindung mit der Trense kann man frühestens jetzt arbeiten. Verwendet man solche Hilfsmittel, so darf man damit anfangs das junge Pferd – um Panik zu vermeiden – nur sehr wenig in seiner Freiheit einschränken und auch später nur so viel, daß der Gang erhalten bleiben kann.

Das Anlongieren

Die ersten Male longieren wir das junge Pferd am gewohnten Stallhalfter, um ihm die nötigen Paraden leichter verständlich zu machen. Danach longieren wir es mit Halfter und doppelt gebrochener Trense, evtl. auch mit Gummistange. Die einfache Longe wird, wie vorstehend beschrieben, dabei durch den inneren Ring und unter dem Kinn zum äußeren Ring geführt und dort eingehakt. Hat man das junge Pferd gelehrt, beim Führen Abstand zu halten (siehe dort), sowie auf Stimm- und Peitschenhilfen gut vorbereitet (siehe dort), so kann man es problemlos ohne Helfer alleine anlongieren (ist dies nicht geschehen und das Pferd starrköpfig bei wenig Vorwärtsdrang, so führt es jedoch besser ein Helfer hinaus auf die Zirkellinie sowie noch einige Runden, um größere Widersetzlichkeiten zu vermeiden).

Das junge Pferd wird auf leichtes Touchieren – zuerst evtl. mit der kürzeren Gerte, dann mit der Peitsche – und auf die bereits geübten Stimmkommandos »hinaus«, »na komm«, usw. willig vorwärts-auswärts treten. Weich nachgebend gewährt man ihm die gewünschte leichte Anlehnung an die Hand. Dabei nützt man Bande, Zaun, Wand, Ecken als Hilfsmittel zur äußeren Anlehnung sowie dazu, übermäßigen Vorwärtsdrang abzubremsen. Alle Hilfen müssen dabei anfangs besonders klar und deutlich gegeben werden, damit das Pferd sie weder übersehen noch falsch deuten kann. Das Pferd muß auch sofort gelobt werden, wenn es richtig reagiert. Eine falsche Reaktion wird hingegen mit einem »nein!« und einer leichten Parade unterbunden,

worauf man sofort und deutlich die entsprechenden Hilfen nochmals gibt.

Die Position des Longierenden ist dabei immer auf Schulterhöhe des Pferdes. Sucht sich dieses rückwärtstretend zu entziehen, geht man sogar etwas hinter die Schulterhöhe, um den Vorwärtsdrang zu verstärken – jedoch nie so weit, daß das Pferd über die Schulter nach außen wegbrechen kann.

Die wichtigste Hilfe beim Anlongieren ist die Peitschenhilfe. Leider ist jedoch die ausreichend lange Longierpeitsche zumal für Frauen und Jugendliche reichlich schwer. Ist schneller und treffsicherer Einsatz dadurch nicht gewährleistet, sollte man eine Fahrpeitsche verwenden, die zwar kürzer, jedoch wesentlich leichter ist. Da zu Beginn der Longenausbildung die direkte Einwirkung der Peitschenhilfe unbedingt erforderlich ist, darf man das Pferd jedoch nicht weiter hinausschicken, als diese Peitsche reicht.

Noch in der ersten Longenstunde muß das junge Pferd auf beiden Händen (also links und rechts) longiert werden (Umschnallen der Longe!). Unterläßt man dies, so treten die Anfangsschwierigkeiten beim späteren Anlernen auf der anderen Hand in verstärktem Maße wieder auf. Das Pferd ist nämlich inzwischen einseitiger geworden – und zwar körperlich wie geistig: Jetzt weiß es ja, wie Longieren geht und korrigiert folglich als Gewohnheitstier den Fehler seines dummen Menschen!

Fehler des Pferdes – wie Rückwärtstreten, Abweichen von der Zirkellinie mit Teilen des Körpers – muß man mit blitzschnellen Peitschenkorrekturen beantworten und dabei schleunigst die vermutlich verlorengegangene Position auf Schulterhöhe des Pferdes wieder einnehmen.

Drückt das Pferd mit dem Kopf nach innen, gilt die Peitschenhilfe Schulter und Hals des Pferdes, kriecht es zurück, wirkt man auf das trockene Hinterbein (Sprunggelenk, Röhre) ein. Geht das Pferd über die Schulter nach außen, so treibt man vermehrt am Gurt, während kurze Paraden (= »Stotterbremse«) dem Pferd die Möglichkeit nehmen, sich auf die Hand zu legen und nach außen »abzudampfen«. Hierbei darf man ja nicht hinter die Schulter kommen! Liegt nämlich die Longe auf dem Hals auf, so hat man verspielt, und das Pferd dreht sich nach außen um.

Longieren ist für ein junges Pferd, das sich noch nicht lange konzentrieren kann, eine anstrengende Arbeit. Anfangs müssen deshalb fünf bis zehn Minuten genug sein, langsam kann man diese Zeitspanne dann auf 20 Minuten erhöhen. Sieht man beim ersten Versuch, daß das junge Pferd sich schwer tut, gibt man sich mit weniger zufrieden, um die Zeitdauer nicht zu überziehen. Der Abstand des jungen Pferdes zum Longierenden beträgt dann eben nur ein bis zwei Meter, der gute Wille wird für ausreichend angesehen. Nicht verzichten soll man jedoch auf einen Handwechsel, und wenn man das Pferd auch nur »verkehrt rum« führt. Regt sich das junge Pferd sehr auf, so benutzt man eine zusätzliche Führkette, während man die Longe umschnallt und stellt sich noch dazu vor einen »anziehenden Punkt«: Die (geschlossene) Stalltüre, den (ebenfalls geschlossenen) Koppelausgang u. ä. Schließlich soll das junge Pferd Longieren lernen und nicht »wie mache ich mich selbständig«.

Arbeit mit der Doppellonge

Sobald das junge Pferd an der einfachen Longe einigermaßen an den Hilfen steht und sich wieder im Gleichgewicht befindet, sollte man mit der Doppellonge weiterarbeiten. Unerläßlich ist dies für Pferde, die eingefahren werden sollen. Aber auch für Nur-Reitpferde bringt die Arbeit an der Doppellonge große Vorteile, ganz besonders für Pferde, die auf den an der einfachen Longe häufiger nötigen Peitscheneinsatz »beleidigt« reagieren. An der Doppellonge lernt das junge Pferd bei unbelastetem Rücken besonders gut die Zügelhilfen. Die Lage der äußeren Longe um das äußere Hinterbein übt dazu eine frappierende Wirkung auf das Pferd aus. Durch diese Einwirkung sind sogar nach entsprechender Ausbildung perfekte Traversalverschiebungen in allen Gangarten möglich.

Der Vorteil der Doppellonge für das junge Pferd liegt entschieden darin, daß es durch die Lage der äußeren Longe zu perfekter Biegung animiert wird, während gleichzeitig mit beiden Longen weich nachgegeben werden kann. Zudem erübrigt sich bei Handwechseln das konzentrationsstörende Umschnallen der Longe – man kann ja fließend hinter dem Pferd aus dem Zirkel bzw. durch den Zirkel wechseln. Das Doppellongengeschirr gibt es fertig zu kaufen, es ist jedoch leicht auch aus einem alten Brustblatt- oder Kumtgeschirr selbst herzustellen. Statt der 17 m langen Doppellonge kann man auch eine Longe und eine Einspännerleine verwenden, bzw. zwei Longen etwas verlängern, damit sie das erforderliche Maß erreichen.

Die richtige Verwendung der Doppellonge sollte man sich von einer versierten Person zeigen lassen. Besonders auf die richtige Lage der äußeren Longe sowie auf das durch die vermehrte Reibung in den beiden Leinenringen bedingt veränderte »wellenförmige« Nachgeben mit der Longe ist zu achten. Bevor man dann sein Glück am jungen Pferd erprobt, sollte man erst ein wenig Geschick durch Üben mit einem gut eingefahrenen und geduldigen Pferd erwerben. Junge, gut anlongierte Pferde, die erwiesenermaßen nicht kitzlig sind und nicht zum Ausschlagen neigen, kann man dann ohne Helfer

Doppellongenarbeit – hier als Fahren aus der Hand im Gelände – ist auch für das Nur-Reitpferd empfehlenswert.

an die Doppellonge gewöhnen. Hierzu stellt man sich seitlich vom Pferd auf, die innere Longe erstmal wie gewohnt eingehängt, und läßt dann die richtig eingezogene äußere Longe vorsichtig über die Kruppe nach unten gleiten. Unter beruhigendem Reden übt man dann erst im Schritt auf geringem Abstand. Im Zweifelsfall bemüht man jedoch einen Helfer, der das Pferd an der einfachen Longe oder am Führzügel führt, während man hinter dem Pferd hergehend beide Longen abwechselnd vorsichtig seitlich anlegt und es so langsam an die spätere Lage der äußeren Longe gewöhnt. Heftig auskeilende Pferde könnten locker sitzende Eisen verlieren – vorherige Kontrolle schützt vor gefährlichen Geschossen!

Als Gebiß verwendet man für das angehende Fahrpferd die dicke, ungebrochene Stange, mit der es auch eingefahren werden soll. Dem Nur-Reitpferd schnallt man die doppelt gebrochene

Ausbildungstrense ein. Auch für das Nur-Reitpferd ist die regelmäßige Arbeit an der Doppellonge sinnvoll – und zwar bis hin zu den höchsten Klassen, wo sie dann zu einer Arbeit am langen Zügel übergeht. Das Pferd bleibt zudem länger unverbraucht, wenn es einen Teil seines Trainings ohne Reitergewicht absolvieren kann. Siehe hierzu auch die Pferde der Wiener Spanischen Reitschule! Das Fahrpferd wird in der Ausbildung an der

Die doppelt gebrochene Trense (»Ausbildungsgebiß«) ist ein Fortschritt gegenüber der einfach gebrochenen.

Doppellonge auch aus der Hand gefahren. Hierbei gelingen viele Übungen, wie etwa Rückwärtsrichten, auf Anhieb besser als vor dem hinderlichen Wagen und können so in Ruhe und streßfrei erlernt werden.

Für das nicht gerittene Fahrpferd ist regelmäßige Doppellongenarbeit für die Erhaltung der beidseitig gleichmäßigen Fähigkeit, sich zu biegen und an den äußeren Zügel zu treten, unverzichtbar. Mit der Doppellongenarbeit kann man ein geschmeidig tretendes, sich in stolzer Selbsthaltung tragendes Pferd formen.

Longenarbeit

Arbeit an der einfachen Longe.
Diese Abbildung zeigt ein bereits im Gleichgewicht befindliches Pferd während der Umstellung auf Ausbindezügel. Hier sind die Ausbinder zu kurz für eine Remonte und führen zu unerwünscht hoher Aufrichtung. Die in etwa richtige Länge ist eingestellt, wenn die Remonte wieder beginnt, an die Hand heranzutreten. Dann kann auch die Longe nach kurzer Gewöhnung in den inneren Trensenring eingehängt werden. Als allgemein günstiger für Remonten kann die Longenarbeit mit dem Pohlmann-Zügel statt des Ausbinders und als noch besser die Doppellongenarbeit angesehen werden.

Doppellongenarbeit

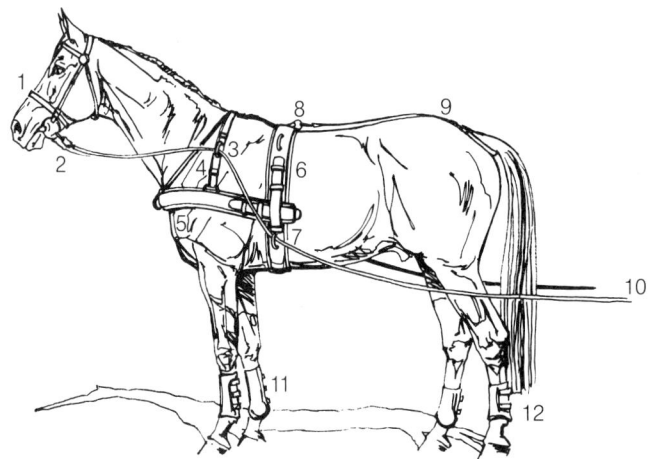

Das Doppellongengeschirr
1 Trensenzaum
2 Longenschnalle
3 Leinenring
4 Halsriemen
5 Brustblatt
6 Bauchgurt
7 großer Ring
  am Bauchgurt
8 Fallring
9 Schweifriemen
10 Doppellonge
11 Streichgamaschen
12 Streichkappen oder
  Sprungglocken

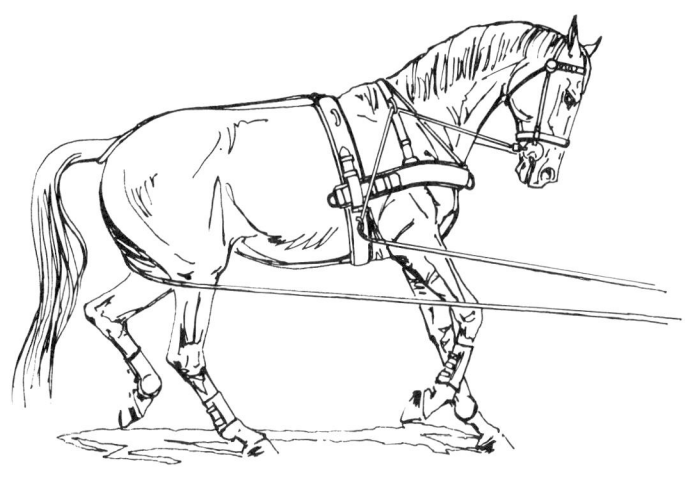

Das Zurückkriechen wird an der Doppellonge auch ohne Peitscheneinsatz sehr bald von selbst aufgegeben.

Longieren mit Doppellonge und Doppellongengeschirr.

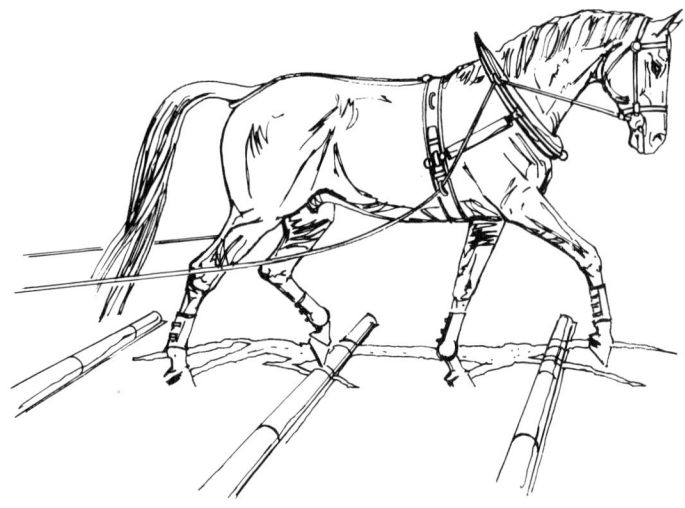

Cavaletti-Arbeit an der Doppellonge.

Durch den Zirkel wechseln.

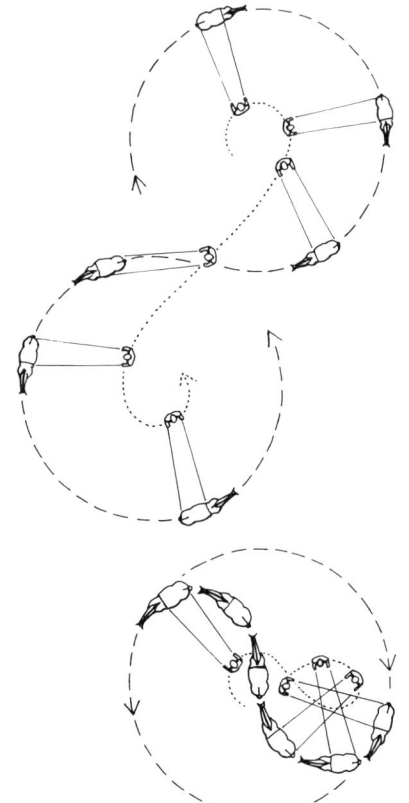

Aus dem Zirkel wechseln.

Als Vorübung zum Fahren wird das Pferd an die Stränge und hier bereits an leichten Zugwiderstand gewöhnt.

Das Benützen des Zugschlittens mit seinem hohen Zugwiderstand wird für leichte Pferde mit hohem Blutanteil nur mit Einschränkung empfohlen.

Das Einfahren

Sicheres und gutes Fahren

Die heutige Verkehrsdichte macht es unumgänglich, daß ein Pferd bestmöglich ausgebildet und völlig sicher sein muß, wenn man sich mit ihm auf öffentliche Straßen wagen will. Vorsichtshalber wird man es deshalb erst in einer großen Halle, einer Koppel oder auf einem geschlossenem Platz gut ausbilden. Nach der Doppellongenarbeit und den entsprechenden Vorübungen wird hier das zukünftige Fahrsportpferd und auch das Einspänner-Freizeitpferd einspännig mit einem zweirädrigen Wagen gut eingefahren. Die Premiere im Straßenverkehr sollte dann rechts neben einen erfahrenen »Lehrmeister« gespannt stattfinden. Fährt man das junge Pferd gleich zweispännig ein, so wird man natürlich schneller zum Fahren kommen, da das junge Pferd hierbei viel weniger können muß und auch ruhiger bleibt. Dies geschieht jedoch auf Kosten der guten Ausbildung! Das Einspännerpferd hat wirklich gelernt, die Hilfen anzunehmen — und nicht bloß mitzulaufen. Daran gewöhnt, in einer Schere zu gehen, kann man es auch jederzeit ohne Probleme rechts oder links der Deichsel einspannen. Muß jedoch ein zweispännig ausgebildetes Pferd seinen Platz im Gespann tauschen oder gar einspännig gehen, steht es aus seiner Sicht vor einer völlig neuen Situation und gebärdet sich meist, als hätte es noch nie einen Wagen gezogen.

Temperamentvolle, leichtere Tiere im Reitpferde- oder Reitponytyp sollte man zumindest beim Einfahren vor der traditionellen schweren Schleppe und dem schweren Wagen verschonen. Muß es schwer ziehen und kommt dabei ungewohnt langsam vom Fleck, regt sich ein gehfreudiges Tier nur unnötig auf. Auch für den Gang ist schwerer Zug nicht gerade förderlich, da sich das Pferd hierbei auf der Vorhand befindet und mit der Hinterhand nicht mehr untertritt, sondern schiebt. Auf ebener Strecke rollt ein leicht gebauter Wagen dagegen schon durch das Gewicht der Stränge, und das Pferd kann im Gleichgewicht gehen und freudig vorwärtstreten. Erst nach mehrmonatigem Fahren im leichten Zug, wenn das junge Pferd kräftig, geschickt und ruhig geworden ist, kann man ihm schweren Zug zumuten. Ausnahmen können hier bei schweren, ruhigen Arbeitspferden gemacht werden. Jedoch sollte man auch diese nicht »müde« fahren (sonst verlieren auch solche Pferde die Arbeitsfreude!), sondern sollte die Hauptarbeit dem älteren Pferd (durch entsprechendes Verschnallen) zuteilen.

Eine versierte Fachkraft wird für korrektes ein- und zweispänniges Einfahren bei typischen, seit langer Zeit züchterisch selektierten ruhigen Fahrpferden bzw. -ponies mit gutem Charakter etwa vier Wochen benötigen (gerechnet vom Beginn der Doppellongenarbeit). Für Pferde, die im »Reit- und Fluchttyp« stehen (Typ III/IV) sowie für Pferde mit schwierigem Charakter (z. B. II/III-Typen, welche zum Schlagen neigen) wird auch der Fachmann sechs Wochen und mehr aufwenden müssen. Hat man selbst wenig Erfahrung im Umgang mit jungen Pferden, so ist auch gute Fahrkunst oftmals nicht ausreichend, ein Pferd sicher einzufahren. In solchen Fällen sollte man sich lieber an eine Fachkraft wenden — und zwar nicht erst, wenn das Kind bereits in den Brunnen gefallen ist!

Bildet man sein junges Pferd selbst zum Fahren aus, so muß man auf jeden Fall ein fehlendes »Gewußt wie« und mangelnde Routine durch viel Zeit ersetzen. Durch eine starke persönliche Bindung, die Vertrauen schafft, sowie durch Ausbildung von Gewohnheitsreflexen muß

Das schwierig zu fahrende »Einhorn« – hier perfekt nach Achenbach ausgeführt. Der knapp 3jährige Junghengst geht vertrauensvoll vor Publikum – geführt und begleitet von den Althengsten der Station.

man das Pferd langsam an das Fahren »gewöhnen«. Und hierbei lieber doppelt und dreifach sicher gehen durch langsame Fortschritte und ständiges, regelmäßiges Wiederholen! Man darf nicht leichtsinnig nach der Devise arbeiten: Na, es wird schon gutgehen!

Beim Fahren geschehen prozentual gesehen ungewöhnlich viele schwerste, ja tödliche Unfälle – und häufig sind Außenstehende betroffen! Dreht das Reitpferd durch, so ist es wenigstens nicht noch mit einem Wagen »bewaffnet« und beruhigt sich auch schneller wieder, da es in seiner Panik nicht auch noch mit Geschirr und Wagen zu kämpfen hat. Hat der Reiter Platz, so wird der Sturm im Wasserglas schnell wieder vorbei sein – und wenn nicht, passiert außer ihm selten jemand anderem etwas. Gerät hingegen ein Gespann außer Kontrolle, so beruhigen sich die Pferde gewöhnlich erst, wenn sie kein Stück Leder mehr am Leib haben – ein solches Mißgeschick geht denn auch selten glimpflich ab.

Deshalb muß das junge Fahrpferd sorgfältigst ausgebildet sein. Zudem muß man es, bis es wirklich »Tausendprozentig« sicher ist, scharf zäumen (aber natürlich weich fahren!!!). Dazu verwendet man eine Fahrkandare mit ungebrochener, dicker Stange und Kinnkette. Die Leinen werden scharf eingeschnallt. Bevor das junge Pferd auf öffentliche Straßen kommt, muß es bereits wissen, welche Wirkung »im Falle eines Falles« eine entsprechende Parade hätte. Ist das Pferd erst einmal auf und davon, ist es zu spät, ihm das noch beizubringen! In seiner Panik würde es durch den unverständlichen Schmerz nur noch toller werden. Hier muß der »Gewohnheitsreflex« einsetzen. Das Pferd muß die »Notbremse« kennen- und fürchtenlernen, und zwar so sehr, daß es darüber andere Gefahren vergißt. Es muß auch aus Erfahrung wissen, daß der Schmerz sofort aufhört, sobald es auf die Parade reagiert. Bei der Reitausbildung kann man wesentlich schonender vorgehen. Bei der Fahrausbildung muß man jedoch unbedingt auf Nummer Sicher setzen.

Bei Fahrturnieren sind Scheuklappen Pflicht. Sind zwei oder mehr Pferde zusammen eingespannt, sind Scheuklappen auch aus fahrtechnischen Gründen notwendig. Sie verhindern, daß das fleißige Pferd die dem faulen zugedachte Peitschenhilfe sieht. Da auch die Stimmhilfe vom fleißigen Pferd zuerst angenommen wird, sind Peitschenhilfen zur gerechteren Arbeitszuteilung notwendig. Dennoch sollte aus Gründen der Sicherheit jedes Pferd zuerst ohne Scheuklappen ausgebildet und an den Anblick des Wagens hinter ihm samt Fahrer mit Peitsche gewöhnt werden. Streift sich das Pferd einmal das Scheuklappenhalfter ab, sind Unfälle sonst nicht zu vermeiden. Das besonders massiv gearbeitete Fahrhalfter mit der dicken und schweren Kandare folgt leider gern den Gesetzen der Schwerkraft – schüttelt ein mückengeplagtes Tier den Kopf, kann es schon geschehen sein! Über solche Vorfälle können viele versierte Fahrer Lieder singen! Als Vorbeugung gegen das Verlieren kann man nur raten, das Halfter so geschmeidig wie möglich zu halten, gut anzupassen und den Kehlriemen so eng wie möglich zu schnallen. Letzteres ist zwar nicht »tierfreundlich«, aber immer noch besser als ein unlenkbares, nicht mehr zu bremsendes Pferd mit Halfter und Leinen um die Brust.

Der Fahrer, der sich mit (noch dazu jungen!) Pferden in den Straßenverkehr oder gar auf einen Festzug wagen will, sollte unbedingt im Besitz des Fahrabzeichens sein. Bei einem etwaigen Unfall wird man ihm sonst grobe Fahrlässigkeit vorwerfen. Zum Erwerb des Abzeichens ist ein Lehrgang nach der Fahrmethode Achenbach Voraussetzung. Diese Methode ermöglicht sicheres und gutes Zwei- bzw. Mehrspännerfahren. Eine Haftpflichtversicherung muß nicht nur für das Pferd, sondern auch für die Kutsche bzw. den Wagen abgeschlossen werden.

Vorübungen zum Fahren

Das junge Pferd muß beim Einfahren zwei Faktoren ertragen lernen, auf die es seinen natürlichen Instinkten nach durch Ausschlagen oder Flucht reagieren würde: Immer wieder »plötzlicher Berührungskontakt« durch Stränge, Deichsel oder Schere, evtl. auch durch das Scheit. Und »bedrohliche Geräusche« – wie die Eigengeräusche des Wagens, das Rattern eisenbereifter Räder auf Kopfsteinpflaster, leises Zischen des Schlittens im Schnee, Verkehrsgeräusche usw. Trägt das Pferd Scheuklappen, sieht es nicht, woher die Bedrohung kommt. Es reagiert deshalb auf unheimliche Geräusche und plötzliche Berührung besonders nervös. Trägt es keine Scheuklappen, so sieht es viel mehr, hat dadurch aber auch mehr Gelegenheit, eingebildete Gefahrensituationen zu erspähen!

Bei jedem Ausbildungsschritt muß man das junge Pferd ohne Scheuklappen erst mit den ungewohnten Berührungen vertraut machen. Dabei sieht es, was hinter ihm passiert und verliert durch Gewöhnung langsam die Furcht davor. Ist dies erreicht, fügt man »furchterregende Geräusche« (z. B. Klopfen mit der Peitsche an die Bande) und »verdächtige Bewegungen« hinzu (z. B. Arm schwenken). Jeden Ausbildungsschritt übt man solange, bis sich das Pferd durch keine äußeren Umstände mehr stören läßt und gleichmäßig weiterarbeitet. Anschließend kann man den Ausbildungsschritt mit Scheuklappen wiederholen. Hierdurch

Mit Doppellongengeschirr, Doppellonge sowie Fahrhalfter (noch ohne Scheuklappen) und Fahrtrense wird hier das junge Pferd vertraut gemacht.

Die Stränge sind sicherheitshalber noch verlängert. Das junge Pferd geht jedoch bereits zunehmend vertrauensvoll und geradegerichtet.

behält das Pferd das Verständnis dafür, was jeweils hinter ihm passiert. Man kann jedoch auch komplett ohne Scheuklappen einfahren und anschließend die gesamte Ausbildung mit Scheuklappen in etwas kürzerer Zeit nochmals durchführen. Im ersten Fall behält das Pferd besser »den Überblick«, im zweiten kommt man schneller zum Fahren.

Geht das junge Pferd gut an der Doppellonge, so legt man ihm erst ein Geschirr ohne Stränge, jedoch mit Schweifriemen auf. Nun arbeitet man es sich, vom Boden aus fahrend, langsam an die Hand. Hierbei übt man Wendungen und Handwechsel, fährt z. B. im Slalom durch Springparcours oder Obstgarten. Das Rückwärtsrichten erlernt dabei das junge Pferd mit Hilfe einer zweiten Person, die an Nasenrücken, Brust und Vorderbeinen Hand oder Gerte anlegt. Der Fahrer hat für diese Lektion nur die Leinen- und Stimmhilfe als Mittel – diese sind zum Erlernen für das junge Pferd nicht ausreichend. Beim Rückwärtsrichten darf das Fahrpferd nie die Tendenz nach vorwärts verlieren, Unfälle durch Rückwärtsstürmen sind sonst vorprogrammiert.

Beim nächsten Ausbildungsschritt schnallt man die Stränge lang ein und befestigt ein Scheit daran. Ein Helfer trägt nun das Scheit hinter dem geführten Pferd her. Er kann dabei zusätzlich Sicherheitsabstand wahren, wenn rechts und links am Scheit zwei Seilverlängerungen angebracht werden. Nun legt er abwechselnd die Stränge am Pferdekörper an und macht sich auch langsam ein bißchen schwerer, bis das Pferd schließlich ziehen muß. Anfangs arbeitet man dabei geradeaus, dann in großen Zirkeln, später auch in Wendungen – wie bei allen Übungen, in denen das Pferd ziehen muß. Als nächster Schritt wird das Scheit auf Bodenhöhe abgesenkt. Der Helfer hilft erst noch mit Strickverlängerung beim Dirigieren.

Dann kann man schon einen Autoreifen, schließlich eine aus mehreren Autoreifen hergestellte Schleppe anhängen. Die Verbindung zum Scheit stellt man mit einer Sicherheitsschlaufe her, die man im Falle einer Panik durch einen Ruck der in der Hand gehaltenen Schnur lösen kann. Anfangs führt man das schleppende Pferd, dann fährt man es aus der Hand, indem man seitlich neben dem Pferd hergeht (Außenleine über den Rücken). Als Gangart wählt man Schritt und ruhigen Trab – der Reifen soll nicht wild durch die Gegend schleudern!

Mit dem schon etwas zugfesten Pferd kann man nun Schwachholz schleifen. Dabei wird eine lange, dicke Stange mit Sicherheitsschlaufe am Scheit befestigt. Zieht das Pferd die Stange gut geradeaus, so beginnt man mit »Kunstaufgaben«, wobei das Pferd lernen soll, die Stange auf einem schwierigen Kurs (wie im Wald!) ruhig zu manövrieren. Ein Helfer kann dabei mit einem zusätzlich befestigten Strick in »festgefahrenen« Situationen die Stange gefahrlos wieder freilegen, bzw. mit der Sicherheitsschlaufe die Stange abhängen, wenn das Pferd vor Angst zu zerfließen droht. Bleibt das Pferd auch in schwierigen Situationen ruhig bemüht, seine Aufgabe zu lösen, so ist es reif, eingespannt zu werden.

Das erste Einspannen

Das junge Pferd wird erstmals in einen stabilen Gig oder Sulky eingespannt. Zuerst zeigt man ihm das Gefährt und zieht es dabei auch ein wenig hinter ihm her. Dann stellen sich zwei vertraute Personen an den Kopf des Pferdes, reden ihm beruhigend zu und halten es, ohne ihre Aufmerksamkeit vom Pferd abzuwenden. Der Fahrer spannt nun mit ruhigen Bewegungen ein. Dann fährt er, mit entsprechend langer Leine hinter dem Sulky hergehend, das Pferd vom Boden aus. Die

Man fährt erst solange auf einem geschlossenen Platz (bzw. fern des öffentlichen Verkehrs), bis die Pferde gleichmäßig arbeiten.

beiden Helfer bleiben vorerst noch am Kopf des Pferdes. Schließlich besteigt der Fahrer vorsichtig den Sulky, wobei die Helfer das Pferd beruhigen, damit es nicht durch das Schwanken und die plötzliche Belastung der Schere zum Losstürmen verleitet wird. Ein Helfer führt das Pferd noch an, das nun schwerer ziehen muß. Eine Zeitlang geht er noch nebenher, dabei kann er den Abstand langsam vergrößern und schließlich die zusätzliche Führkette aushängen. Nun wird das junge Pferd solang fern von öffentlichen Straßen in Schritt und Trab gefahren, bis es alle Wendungen und Handwechsel sicher macht und auch schon ein paar Tritte rückwärts tritt, ohne die Fassung zu verlieren.

Jetzt kann man ein erfahrenes Pferd links an die Deichsel eines stabilen, aber leicht rollenden Wagens spannen. Hat der verwendete Wagen eine Spielwaage, so muß diese festgebunden sein. Nun führt man das jungen Pferd neben seinen »Lehrmeister« an die rechte Seite der Deichsel. Während es dazugespannt wird, steht je ein Helfer am Kopf der beiden Pferde. Sollten diese wirklich zu laufen anfangen, so können die Helfer schnell neben die Pferde treten und sie wieder durchparieren. Das Aufsteigen des Fahrers sowie das Aufnehmen der Peitsche stellen besondere Gefahrenmomente dar – durch den im Vergleich zum Sulky wesentlich höheren Fahrersitz ragen Fahrer und Peitsche »bedrohlich« über das Pferd hinaus. Nun läßt man das Gespann noch etwas ruhig stehen, dann führen beide Helfer die Pferde auf Kommando des Fahrers so gleichmäßig wie möglich an. Der Fahrer muß sich vorher vergewissern, daß die Bremse gelöst ist! Man fährt erst noch solange auf einem geschlossenen Platz, bis die Pferde gleichmäßig arbeiten. Dann fährt man auf ruhigen und ebenen Straßen möglichst

... dann auf ruhigen Straßen möglichst eben und geradeaus, wobei anfangs noch ein Helfer neben dem jungen Pferd geht.

In schwierige Verkehrssituationen kann man sich erst wagen, wenn die Pferde auch bei einem längeren Halt ruhig stehen – und auch dann nur mit einem Beifahrer!

Wer ist hier nun der Lehrling? Flott, mit gespitzten Ohren und geradegerichtet trabt das junge Pferd.

erlernt und geregelten Vorwärtsdrang entwickelt. Sind sie überdies im Training, so ist auch die Rückenmuskulatur gut ausgebildet. Dadurch werden sie sich unter dem Reitergewicht weit eher loslassen können. Das Fahrpferd wird sich auch durch die gestellten Anforderungen weit weniger aus dem seelischen Gleichgewicht bringen lassen als die echte Remonte. Es hat ja bereits arbeiten gelernt und Erfahrungen gesammelt. Die für die Fahrausbildung aufgewandte Zeit erspart man sich nun in der Reitausbildung! Zu beachten ist jedoch, daß das Pferd beim Fahren eine weitaus deutlichere Anlehnung nehmen mußte als jetzt zu Beginn der Reitausbildung erwünscht ist. Auf die richtige Dehnungshaltung ist deshalb in ganz besonderem Maße zu achten.

Satteln, Aufsitzen, erste Schritte unter dem Reiter

Der Sattel ist aus der Sicht des Pferdes ein großer, massiver und – wenn er auf das Pferd zubewegt wird – gefährlich lebendiger Gegenstand. Die Remonte muß also erst ausreichend Gelegenheit haben, ihn zu beriechen und sich von seiner Harmlosigkeit zu überzeugen. In ruhiger, vertrauter Umgebung legen wir dann dem jungen Pferd den Sattel vorsichtig auf den Rücken. Dabei steht eine dem Pferd vertraute Person am Kopf und hält und beruhigt es. Der Sattel bleibt eine Zeitlang auf dem Rücken liegen, wobei das junge Pferd gelobt wird. Gegurtet wird bei diesem ersten Versuch noch nicht. Ist das junge Pferd noch nicht ans Gurten gewöhnt, so holt man dies erst noch mit einem Voltigiergurt o. ä. nach.

Das erste richtige Satteln samt nicht zu starkem Gurten nehmen wir dann am Longierplatz und an der Longe vor. Ist das junge Pferd rückenempfindlich oder kitzlig, so kann es sich jetzt an der Longe nach Herzenslust freibuckeln. Weder

viel geradeaus, wobei anfangs ein Helfer noch neben dem jungen Pferd hergeht. In schwierige Verkehrssituationen kann man sich erst wagen, wenn die Pferde auch bei einem längeren Halt ruhig stehen und danach ruhig und gleichmäßig anziehen. Der Zweispännerfahrer braucht immer einen Beifahrer. Auch wenn man mit dem jungen Pferd einspännig unterwegs ist, muß man einen Beifahrer mitnehmen, der (z. B. bei Ampelstops) an den Kopf des jungen Pferdes treten kann.

Das Anreiten

Das Anreiten von gefahrenen Pferden

Gut gefahrene Pferde bringen schon gehobene Voraussetzungen für das Einreiten mit. Sie haben bereits die Zügelhilfen

Das junge Pferd kann sich hier bei einem der gewohnt sportlichen Spaziergänge an den Sattel gewöhnen.

Hier beim Freispringen gewöhnt es sich auch daran, daß gelegentlich der Bügel einmal schlackern oder das Bein unruhig sein wird!

Satteldecke noch Sattel dürfen zu weit nach hinten reichen oder gar nachklappen oder hin- und herrutschen. Nun wird das junge Pferd erst einige Male mit Sattel longiert, bis es sich in allen Gangarten mit dem Sattel abgefunden hat. Zur Vermeidung von Sattelzwang gurtet man am Stall erst locker und führt die Remonte erst ein wenig an der Hand, bevor man dann Loch für Loch strammer gurtet.

Parallel dazu bereiten wie die Remonte langsam auf den Reiter vor: Wir üben ein wenig Druck auf seinen Rücken aus, hängen uns beim »Schmusen« auch mal mit dem ganzen Körpergewicht an den Hals oder über den Rücken und lassen das Pferd dieses Gewicht ausbalancieren. Dann führen wir die Remonte mal rechts, mal links von einem »Zentauren« und lassen sie zuschauen, wie der Reiter auf- und absteigt. Schließlich hält eine vertraute Person das junge Pferd, während ein Helfer den Reiter vorsichtig in den Sattel hebt. Dabei sind hastige Bewegungen, schlackernde Bügel, laute Stimmen unangebracht! Zur Beruhigung sollte man auch ein zweites Pferd neben den Neuling stellen.

Der Reiter hält sich ganz still im Gleichgewicht, hält die Schenkel vom Pferd weg, steht evtl. sogar bei weggespreizten Beinen in den Bügeln. Will sich das Pferd durch Vorwärtstreten ausbalancieren, so erlaubt man dies. Ansonsten lobt man es kräftig, und der Reiter nimmt nach wenigen Minuten die Füße aus den Bügeln und läßt sich vorsichtig wieder aus dem Sattel gleiten. Beim zweiten Mal führt man das Pferd – evtl. hinter einem anderen Pferd her – im Schritt. Das nächste Mal können ein paar Tritte leichtgetrabt werden, das übernächste Mal kann über eine Stange geführt werden, damit sich das Pferd loszulassen und aufzumerken beginnt. Jetzt kann der Reiter anfangen, die Zügel aufzunehmen und mit dem Schenkel auf Fühlung zu gehen.

Geführt oder hinter einem Führpferd her, mit der Bande als Anlehnung, kann man nun die ersten Schenkel- und Zügelhilfen – passend zur Situation – andeuten. Weiß dabei das junge Pferd nichts mit dem Schenkel anzufangen, zeigt man ihm die Bedeutung durch das gewohnte Anlegen der Gerte zusätzlich. Der Sinn der Hilfen muß deutlich für das junge Pferd zu erkennen sein, daher muß man die Hilfen am Anfang unmißverständlich deutlich, ja überdeutlich geben. Durch Stimmeinwirkung hilft man dem Pferd zusätzlich und bedient sich auch ihrer »beflügelnden« oder beruhigenden Wirkung, je nach Situation.

Das Gleichgewicht unter dem Reiter

Unter dem Reiter verliert das junge Pferd sein natürliches Gleichgewicht erneut. Der Reiter muß ihm helfen, imdem er es nicht behindert und sein eigenes Gleichgewicht selbst erhält. Dazu sitzt er ruhig und aufrecht, weder mit vorgebeugtem, noch mit zurückgenommenen Oberkörper. Jedes zu tiefe Einsitzen, jede Gewichtshilfe ist zu vermeiden und der Rücken weitgehend zu entlasten. Anfangs reitet man auf möglichst großzügigen Linien vorwärts und möglichst viel geradeaus. In engen Wendungen ist zumal bei höherem Tempo das gemeinsame Gleichgewicht weit schwerer aufrecht zu erhalten. Vor Richtungsänderungen und Wendungen ist deshalb das Tempo zurückzunehmen. Das Gleichgewicht im Galopp ist am leichtesten im Gelände herzustellen, indem man das junge Pferd schwungvoll vorwärts reitet. So wird es ihm leichter gelingen, mit den Hinterbeinen unter den gemeinsamen Schwerpunkt zu springen.

Damit das Pferd mit seinem Reiter ins Gleichgewicht kommen kann, muß es mit den Beinen unter den gemeinsamen Schwerpunkt treten. Dies erfordert Aus-

Sein inneres wie sein äußeres Gleichgewicht kann das junge Reitpferd am leichtesten im Gelände hinter einem Führpferd – oder wie hier in einer ruhigen Reitergruppe – finden.

bildung, Gymnastizierung und Übung. Das so entstehende Gleichgewicht kann in der Bewegung natürlich nie stabil bleiben – es ist ja nicht statisch, sondern dynamisch. Das Gleichgewicht ist also labil und muß fließend ständig neu errungen werden. Besonders deutlich wird dies in engen Wendungen, bei hohem Tempo, beim Springen etc. Erforderlich ist ständiges Üben, bis Pferd und Reiter zu einer Einheit verschmolzen sind.

Die Dehnungshaltung

Die Dehnung der Oberlinie bei fallengelassenem Hals in die Richtung vorwärts-abwärts und die dadurch erreichte Losgelassenheit ist Grundlage jeder Art von Aufrichtung oder Versammlung. Ganz gleich, ob es sich um »Dressur-Aufrichtung« »Töltaufrichtung«, »Overchek-Traberaufrichtung« oder was auch immer

handelt! Wird das Pferd nicht erst und dann ständig immer wieder in der oberen Linie gedehnt, bekommt es durch die Lage der Dornfortsätze seiner Wirbel sonst unweigerlich Rückenschmerzen und damit Verspannungen in der Rückenmuskulatur.

Ein entspannt hergegebener Rücken ist jedoch Voraussetzung für jede Losgelassenheit und Durchlässigkeit. Die Remonte ist deshalb ausschließlich in der Remonten- oder Dehnungshaltung bei »fallengelassenem Hals« zu reiten. Mit weich nachgebender, tief eingestellter Hand, unter Verzicht auf Gewichtshilfen sowie tiefes Einsitzen und unter weitgehendster Entlastung des Rückens ist die Remonte gut vorwärts zu reiten. Als Antwort auf das Treiben wird dann langsam die Hinterhand aktiver werden und der besser bemuskelte Rücken wird schließlich in der Lage sein, die Verbindung zur

Die erlernte saubere Dehnungshaltung zeigt dieses Materialpferd auch in der Vorstellung an der Hand.

Vorhand herzustellen. So können dann die Hilfen durch das ganze Pferd durchgelassen werden. Endlich wird sich das Pferd ganz von selbst von hinten nach vorne durch eine tätige, gut unter den Schwerpunkt tretende Hinterhand tragen und aufrichten können. Zur Erhaltung der Losgelassenheit und Durchlässigkeit muß das Pferd jedoch sein ganzes Leben lang immer wieder bei fallengelassenem Hals in der oberen Linie gedehnt werden. Zur Unterstützung der Dehnung ist Stangentreten, Stangentraben und später auch Springgymnastik für die Remonte besonders empfehlenswert.

Die Grundgangarten

Der Schritt – die wichtigste Gangart!

Raumgriff und Takt müssen immer voll erhalten bleiben! Dazu wird das Pferd am hingegebenen oder mindestens langen Zügel vorwärts geritten. Der Reiter läßt sich elastisch und locker vom Pferd mitschwingen. Das energisch und raumgreifend vorwärtstretende Pferd holt sich dabei die treibende Schenkelhilfe durch die beim weiten Vorschwingen des Hinterbeins voller werdende Flanke selbst. Ist das Pferd nervig, soll man es erst ablongieren bzw. in höheren Gangarten ruhig vorwärtsreiten. Nur so kann man Verspannungen, Taktunreinheiten, Zackeln und Verkürzung des Raumgriffs vermeiden. Nicht aber, indem man den Zügel verkürzt und das Pferd festhält! Auch vor dem Dressurrichter zeigt man mit dem jungen Pferd im Zweifel den Mittelschritt nicht »am Zügel«, sondern nur als Schritt am langen Zügel bzw. am Gebiß. Jeder Kommentar ist nämlich besser als: »Kein Takt – kein Raumgriff«. Das gewünschte gelassene Schreiten zeigt das Pferd am ehesten, wenn man es nicht stört.

Der Trab. Mit einem jungen Pferd wird ausschließlich leichtgetrabt. Takt, gleichmäßige Geschmeidigkeit und Losgelassenheit haben absoluten Vorrang. Für Mindestleistungen reitet man leichttrabend schwungvoll vorwärts und erzielt so die nötige Trittverlängerung, Stilnote und Zeit. Ein Aussitzen im Trab ist erst mit einem voll bemuskelten, voll gymnastizierten und voll losgelassenen Pferd möglich – also noch lange nicht!

Der Galopp. Auch beim Galoppieren entlastet der Reiter den Rücken der Remonte weitgehend. Den nötigen Schwung und Takt erreicht das Pferd am leichtesten, wenn es im Gelände ordentlich vorwärts geritten wird. In der Halle muß sich das Pferd vor den Ecken aufnehmen bzw. aufnehmen lassen, das Tempo also verkürzen. Zur Erhaltung des Gleichgewichts muß es sonst in Außenstellung, den Hals als Balancierstange nach oben gestreckt, durch die Kurve schleudern. Dabei wird es leicht durch das ungewohnte Reitergewicht aus seinem labilen Gleichgewicht gebracht, kann rutschen oder gar stürzen. Im abgekürzten Tempo zu galoppieren ist dem Pferd jedoch erst möglich, wenn Rücken und Hinterhand gekräftigt und gymnastiziert sind. Auch dann erst kann der Reiter auf den Rücken des Pferdes einwirken und ihm im Vollsitz helfen, rund und gesetzt zu springen.

Paraden und Rückwärtstreten

Die ganze Parade soll das Pferd zum Halten bringen. Die halbe Parade kann Verschiedenes bezwecken: Zurückführung in eine niedrigere Gangart, Zurücknehmen des Tempos, Verbessern von Gang, Haltung, Aufmerksamkeit und Gehorsam. Die Parade besteht beim Reiten aus einem feinen Zusammenspiel von Kreuz-, Schenkel- und Handeinwirkung, die in dieser Reihenfolge von hinten nach vorne fast gleichzeitig erfolgen. Nun darf jedoch auf den Rücken der Remonte anfangs noch nicht eingewirkt werden. Auch die Schenkelhilfe wird von Remonten anfangs noch ungenügend angenommen. Zur Unterstützung nimmt man deshalb die Stimmhilfe dazu. Die unvollständige »Sparparade« muß man dann so oft kurz und schnell hintereinander anwenden, bis sich Wirkung zeigt. Nach jeder Parade muß der Reiter jeweils sofort weich mit der Hand nachgeben. Keinesfalls darf der Reiter am Zügel ziehen, oder sich gar dranhängen und mit dem Oberkörper nach hinten legen. Ein Tip: Von der Herde (oder vom Ausgang) weg werden die Paraden viel lieber befolgt! Ein zweiter Tip: Vernünftigen Pferden leuchtet der Sinn der ganzen Parade vor einer Wand besonders gut ein.

Leichter tut sich der Fahrer auf einem stabilen Wagen mit den Paraden: Eingeleitet durch ein Anbremsen wird der Sinn vor allem der ganzen Parade meist sofort verstanden. Dafür ist Rückwärtsrichten – alleine mit Handeinwirkung – beim Fahren besonders schwer vom Pferd zu erlernen. Unter dem Sattel läßt man die Remonte auf das Stimmkommando »zurück« durch Treiben des Reiters mit den Schenkeln gegen die aushaltende (höchstens leicht zupfende) Hand ein, zwei Tritte zurücktreten. Hierbei muß unbedingt ein Helfer durch Anlegen der Hand am Nasenrücken sowie der Gerte an Brust bzw. Vorderbein der Remonte zeigen, was gemeint ist. Jede richtige Reaktion muß freudig gelobt und durch die weich nachgebende Hand belohnt werden.

Ins Gelände mit Führpferd

So bald und so oft wie möglich soll die Remonte, geführt von einem ruhigen Pferd, im Gelände geritten werden. Mit

Auch natürliche Geländehindernisse können als »Cavaletti« zur Ausbildung, Dehnung, Gymnastik genutzt werden.

Das junge Pferd zeigt in natürlicher Umgebung und bei so viel Abwechslung sehr viel Eifer und Arbeitsfreude.

Führpferd nimmt das junge Pferd die Reiterhilfen leichter an, begreift sie besser und gewöhnt sich langsam daran (so bilden sich Gewohnheitsreflexe aus). Im Gelände zwingt auch nichts (wie in der Enge der Reitbahn) zu ständiger »Kringelei« und »Herumwürgerei« – hier kann man wirklich großzügig vorwärtsreiten! So findet das junge Pferd zu Gleichgewicht, Takt und Ruhe. Vor allem im Galopp kann hier das Pferd – beherzt vorwärts geritten – weit unterspringen und so zu Gleichgewicht und Takt finden. Hinter dem Führpferd wird es auch gerne angaloppieren. Galoppiert es auf der falschen Hand an, so muß es nicht, wie in der Bahn, korrigiert werden. Der gute Wille des jungen Pferdes muß also nicht mit einer Parade »bestraft« werden. Die Gangart kann dennoch geschult werden und der Reiter kann behutsam erforschen, wie die Remonte im momentanen Ausbildungsstand am leichtesten richtig angaloppiert.

Die wichtigste Gangart ist – wie überhaupt – auch im Gelände der Schritt. Im Schritt legt man den Grundstein für jede Belastbarkeit. Kondition, Gymnastizierung, Bemuskelung – im Schritt muß man in das Pferd all das hineinstecken, was man in den schnellen Gangarten wieder aus ihm herausholt. Besonders wertvoll ist dafür hügeliges Gelände, in dem das Pferd viel klettern muß. Auf Raumgriff und flottes Tempo ist zu achten. Der Schritt wird im Gelände am hingegebe-nen Zügel geritten, nur in Gefahrensituationen nimmt man den Zügel auf.

Stangen, Cavaletti, Gymnastik-springen

Hervorragend zum Lösen und Gymnastizieren des Pferdes geeignet ist die Arbeit über Stangen und Cavaletti sowie die Springgymnastik. Die jungen Pferde müssen aufmerksam hinsehen, den Rücken aufwölben und ordentlich abfußen. Den jungen Tolpatsch läßt man erst über Stangen und Cavaletti schreiten, dann traben. Schließlich baut man ihm einen niederen, vollen und abwerfbaren Sprung auf. Hinter einem Führpferd wird es schnell lernen, aus dem Galopp darüber zu springen. Läßt man es dann das Hindernis aus dem Trab überwinden, sieht man meist, wie tolpatschig es in Wirklichkeit noch ist. Bald kann es jedoch eine Serie Gymnastiksprünge rhythmisch aus dem Galopp und auch einigermaßen flüssig aus dem Trab überwinden. Solche Gymnastikarbeit ist ideal für Rükken, Geschmeidigkeit und Trittsicherheit. Zudem macht sie den Pferden sichtlich Freude. Täglich ein paar Minuten Stangentraben, mehrmals wöchentlich zehn Minuten Gymnastikspringen, unterbrochen von Schritt am hingegebenen Zügel, zwei bis drei gemütliche Ausritte pro Woche, täglich in der Herde auf die Koppel – Pferdeherz, was willst du mehr?

Es gibt Probleme

Zuviel Vorwärtsdrang

Vorwärtsdrang ist etwas Positives. Und was zuviel Vorwärtsdrang ist, wird sicher subjektiv vom Freizeitreiter anders beurteilt werden als vom Militarycrack. Damit sich der Vorwärtsdrang des jungen Pferdes im Rahmen hält, werden wir es vor dem Reiten besonders gründlich und ruhig längere Zeit an der Longe arbeiten. Zusätzlichen Einfluß kann man über Haltung und Fütterung nehmen. Ein Pferd, das täglich in der Herde auf die Koppel kommt, wird wesentlich gelassener reagieren, ohne deshalb gleich faul zu werden. Auch die richtige Futtermenge und -zusammensetzung übt Einfluß auf den Vorwärtsdrang aus. Zuviel macht auf jeden Fall übermütig! Hafer sollte bei Pferden und ganz besonders bei Ponies, die zuviel Temperament zeigen, ganz oder zum Teil durch andere Energieträger wie Mais, Gerste oder eingeweichte Trockenschnitzel ausgetauscht werden.

Zuwenig Vorwärtsdrang

Zuwenig Vorwärtsdrang ist auf jeden Fall bedenklicher als zuviel. Hier müssen wir überlegen: Ist das Pferd überhaupt schon reif genug für die Arbeit? Sonst gehört es noch eine Weile auf die Weide. Ist es gesundheitlich indisponiert (z. B. Haarwechsel, Zahnwechsel)? Oder zeigt es gar Mangelerscheinungen, matte Bewegungen, usw.? Hier muß man erst dafür sorgen, daß das Pferd wieder gesund und kräftig ist (Wurmkur, Mineralfutter, genaue Futterberechnung, am besten zusätzlich freie, selektive Weide). Zeigt

das Pferd viel Typ II, so gehört es möglicherweise einfach zu den Gemütlichen, Faulen, die nichts tun, was ihnen schaden könnte. Diese Typen sind langsam mit Führpferden und viel Schrittarbeit aufzubauen. Mit wachsender Kondition und etwas konzentrierterem Futter werden auch sie gehlustiger werden. Auch leichte Schmerzen (z. B. in den Beinen oder im Rücken) sowie alle Arten von Überforderung nehmen die Gehlust.

Der Rücken

Der Rücken des noch unausgewachsenen Pferdes ist eigentlich noch nicht fest und belastbar genug zum Reiten! Lockerung, Gymnastizierung, Aufbau der Muskulatur durch viel Arbeit mit freiem Rücken (an der Hand, Longe, vor dem Wagen) sind deshalb das A und O. Beim Reiten ist der Rücken anfangs so sehr wie möglich zu entlasten. Dazu wird er überwiegend durch Schritt im hügeligen Gelände trainiert und gekräftigt. Der Sattel muß sehr gut passen, darf nirgends drücken und ist mit möglichst dickem Filz oder zwei dicken Decken zu unterlegen. Auch Schmerzen im Bauchbereich (unterschwellige Koliken, Wurmbefall) sowie verschiedene Stoffwechselerkrankungen können sich zuerst mit Verspannungen im Rückenbereich bemerkbar machen. Bei jedem hartnäckigen Buckeln, vor allem in Verbindung mit dem Aufsteigen, ist an Schmerzen im Rückenbereich zu denken. Ein verspannter Rücken wird weggedrückt (= nach unten, statt nach oben gewölbt). Dies führt auf die Dauer zu Unterhals im Verein mit zu hoher, falscher Aufrichtung sowie dazu, daß die Hinterbeine nach hinten hinaus schieben, statt unter den Schwerpunkt zu treten. Der verspannte Rücken läßt auch keinerlei Hilfen mehr durch (fehlende Durchlässigkeit, keine Verbindung mehr zwischen Hinterhand und Vorhand).

Pohlmann-Zügel und Hand zeigen dem Pferd den Weg vorwärts-abwärts.

Zu hohe Aufrichtung

Eine eklatante Schwierigkeit! Und häufig eine Folge von Rückenproblemen. Hier muß man sofort etwas unternehmen. Man muß alles tun, was das Pferd locker und entspannt werden läßt. Am besten fängt man mit ausschließlicher Arbeit an der Hand, bei freiem Rücken, über Stangen, usw. wieder ganz von vorne an. In diesem Fall ist es sicher auch besser, dem Pferd den richtigen Weg vorwärts-abwärts mit entsprechenden Hilfszügeln zu zeigen, statt auf eine himmlische Eingebung zu vertrauen. Gute Dienste leistet hier der Pohlmann-Zügel, der vom tiefsten Punkt des Bauchgurts durch die Trensenringe zu den Sattelstrippen führt.

Die Beine

Gibt es Probleme mit den Beinen, so ist das Pferd umgehend aus dem Training zu nehmen. Es muß sofort behandelt, auskuriert und zur Wiedererlangung der Belastbarkeit längere Zeit auf die Weide gegeben werden. Dazu forscht man nach den Ursachen, um Fehler beim zweiten Anlauf zu vermeiden. Hat man versäumt, genügend Aufbauarbeit im Schritt zu leisten? Die Sehnen brauchen viermal so viel Zeit, um den gleichen Trainingszustand zu erreichen wie die Muskulatur. Wurde zuviel Arbeit auf hartem Boden ohne einen entsprechenden Beschlag geleistet? Erfordert eine unkorrekte Beinstellung einen Korrekturbeschlag? Oder aber wurde schlecht ausgeschnitten bzw. beschlagen? Vielleicht war auch das Pferd einfach noch zu unfertig für die Belastung? Gute Mineralstoffversorgung sowie möglichst viel Bewegung ohne Belastung, vorwiegend im Schritt, muß während der Rekonvaleszenz- und Aufbauzeit gewährleistet sein.

Die Nerven

Ein übernervöses Pferd ist immer verspannt. Dies hat natürlich zahlreiche, weiterreichende Folgen – z. B. verspannten Rücken, mangelnde Losgelassenheit, überhöhte Aufrichtung, usw. Das übernervöse oder gar nervenschwache Pferd neigt jedoch auch zu Kurzschlußhandlungen, die das Reiten und ganz besonders das Fahren regelrecht gefährlich machen können. Die Nervenschwäche kann vielerlei Ursachen haben: Im schlimmsten Fall angeborene mangelnde Wesensfestigkeit (die im Laufe der Aufzucht aber schon längst ans Tageslicht hätte kommen müssen). Meist jedoch gesundheitliche Indisposition (z. B. Wurmbefall); mangelnde Erfahrung und daher resultierende Ängstlichkeit; oder starkes Kleben und daher Panik ohne die Herde. Auch Überforderung strapaziert die Nerven – besonders junger, unfertiger Pferde – ganz besonders. Auch zu harte Behandlung ohne »wieder lieb haben« knabbert recht an den Nerven.

Allgemeine Ratschläge zur Stärkung der Nerven. Die Gesundheit wiederherstellen. Viel Weidegang in der Herde. Täglich 100–200 Gramm Bierhefe verabreichen (wirkt sich nach etwa drei Wochen positiv aus. Ein altes Rennpferderezept!). Das Pferd nicht überfordern. Durch stetes Üben und Gewöhnen bestehende Ängste abbauen. Nervöse, unsichere Stuten zeigen meist mit fortschreitender Trächtigkeit und besonders nach einer Abfohlung wesentlich mehr Selbstbewußtsein und größere Nervenstärke. Daher sollte man überlegen, ob man eine unsichere, unfertige Stute nicht lieber dreijährig erst deckt und ihr noch ein ruhiges Weidejahr gönnt. Auch wenn man die Stute vier- oder fünfjährig deckt, ist das Jahr nicht verloren – die Stute reift auch jetzt körperlich noch aus und ist möglicherweise nach dem Fohlen wie umgewandelt.

Allheilmittel und todsicheres Rezept

Das Allheilmittel ist in einem knappem Satz zu sagen: In die Herde und auf die Weide! Und das todsichere Rezept für die Ausbildung lautet: Bei allen auftretenden Problemen wieder ganz von vorne anfangen!
Auch wenn Ihnen dieser Weg zu lang erscheint: Alte Füchse wissen, daß dies häufig der kürzeste und immer der sicherste ist.

Der erste öffentliche Auftritt

Planung und Vorbereitung

Die Planung für den ersten öffentlichen Auftritt des jungen Pferdes sollte schon lang vorher beginnen. Sicher hat man sich ja schon beim Erwerb oder bei der Zucht des Fohlens Gedanken über seine Zukunft gemacht. Etwaige Formalitäten, die noch unerledigt sind, sollte man so früh wie möglich hinter sich bringen.

»Schriftkram« dauert oft unglaublich lange (z. B. Papiere in Ordnung bringen lassen, evtl. nötige Mitgliedschaften erwerben, Impfungen vornehmen und Impfpässe ausstellen lassen, Pony- oder Pferdepässe beantragen, evtl. Nummernbrand vornehmen lassen, Eintragungen beantragen, Versicherungen abschließen, usw.). Muß man hierfür die Originalpapiere aus der Hand geben, Fotokopie anfertigen lassen! Hat man sich für eine bestimmte Veranstaltung entschieden, so bemüht man sich rechtzeitig um eine evtl. nötige Einladung und gibt auch die Anmeldung fristgerecht ab. Zuvor stellt man sicher, daß an diesem Tag Helfer zur Verfügung stehen – und auch Urlaub bekommen, ein Transporter zu haben ist, usw.

Das erforderliche Training, die erforderliche nächtliche Aufstallung, eine evtl. nötige Umstellung in den Warmstall muß so rechtzeitig begonnen werden, daß das Pferd »topfit« vorgestellt werden kann. Hierbei ist die Fütterung gezielt den Trainingsanforderungen anzupassen sowie darauf zu achten, daß das junge Pferd auch die von der Kommission gestellten Anforderungen in Hinblick auf die »Kondition« (Zuchtkondition, Reitkondition usw.) erfüllt. Nimmt man vorher einige gleichartige Veranstaltungen unter die Lupe, so hat man genaue Vorstellungen davon, was auf einen und auch auf das junge Pferd zukommt. Beizeiten gewöhnt man das junge Pferd auch ans Verladen, Waschen, Frisieren usw. Dabei stoppt und notiert man die für die »Frisur« benötigte Zeit, damit man am Tag der Tage nicht in Zeitnot gerät.

Eine Woche vor dem Auftritt beginnt man das Pferd entsprechend zu pflegen (siehe »Schick machen«). Der »Groom« und sonstige Helfer werden über den genauen Zeitplan instruiert.

Ein bis drei Tage vor dem Auftritt wird anstrengendes Training durch ruhige Arbeit ersetzt (Ausritte im Schritt, longieren, führen usw.).

Einen Tag vorher wird das Lederzeug gründlich geputzt, nochmals bestens angepaßt und im Auto verstaut. Dazu packt man ein komplettes Putzzeug sowie einen Putzeimer, Schwamm und Handtuch sowie etwas Wasser in einem kleinen Kanister, um evtl. Mistflecke zu beseitigen.

Dazu Futter, Tränkeimer, evtl. Tränkwasser, Stiefelzieher, komplette Reitausrüstung, Lederöl, Lappen, Lochzange... Es hat sich bewährt, auch noch von allem und jedem, angefangen beim Stallhalfter, Ersatz mitzunehmen. Dazu: Landkarte, Reise- und Startunterlagen, Impf- und Pferdepässe, Ausweise, Geld, Brotzeit, Getränke, Reisebekleidung. Muß sehr früh abgefahren werden, vergewissern Sie sich, daß der Tank ausreichend voll ist. Zuletzt legen Sie die Transportdecken, Schweifschoner, Transportgamaschen, Anbindestricke usw. bereit. Das Putz- und Frisierzeug (Gummiringe? Isolierband? Kamm?) wird ebenfalls zurechtgelegt, der Kandidat erhält spätabends noch eine Zusatzportion Heu.

Der Wecker soll am Tage X eine halbe Stunde eher klingeln, als Ihrer Rechnung nach unbedingt nötig wäre. Hektik darf nämlich nicht aufkommen, sonst verschreckt man das junge Pferd. Am nächsten Morgen wird als allererstes Futter vorgelegt. Frißt und säuft der »Patient« nicht mehr ausreichend, zeigt er sonst auf der Veranstaltung einen unattraktiv aufgeschürzten Bauch. Darauf, daß das aufgeregte junge Pferd auf der Veranstaltung Futter oder Wasser zu sich nimmt, ist kein Verlaß! Wird man mit den restlichen Vorbereitungen (wie Frisieren, Putzen) sowie der übrigen Arbeit vorzeitig fertig, so verlädt man trotzdem gleich. Lieber läßt man das Pferd dann auf dem Transporter noch zu Ende frühstücken. Außerdem ist es sicher besser, mit dem Neuling eine halbe Stunde zu früh am Ort der Tat zu erscheinen und ihn diesen noch gründlich inspizieren zu lassen, als unter Zeitdruck zu riskieren, daß sich das junge Pferd beim Verladen von der Hysterie seiner Leute anstecken läßt und gar nicht mehr auf den Hänger geht. Dann muß man entweder zu Hause bleiben, oder Gewalt anwenden und damit noch Verletzungen in letzter Minute und einen Verladetick riskieren.

Nimmt man ein zweites Pferd mit, so ist dies für das Verladen, den Transport und auch für die allgemeine Gemütsverfassung des Neulings günstig. Muß man die beiden Pferde jedoch auf der Veranstaltung trennen (und ist gar das zweite noch genauso grün), so kann dies unter Umständen zu großen Komplikationen führen oder gar den Auftritt »schmeißen«. Vorsichtshalber sollte man in diesem Fall zwei lange Führketten sowie zwei sichere Leute dabei haben, die in der Lage sind, die Pferde zu beruhigen und sicher zu halten. Nimmt man nur eines der Pferde vom Transporter herunter, besteht u.U. die Gefahr, daß sich das zweite loszureißen versucht. Ein Helfer sollte deshalb am Kopf des Pferdes bleiben, solange dies alleine ist, und die Hängerklappe muß sofort wieder geschlossen werden. Bevor man die Pferde vom Hänger holt, sollte man jedoch erst noch alle nötigen Formalitäten und Handgriffe erledigen (z.B. Startnummern holen und anbringen) – später hat man möglicherweise keine Hand mehr dazu frei.

Den Halfterwechsel nimmt man bereits auf dem (geschlossenen!) Transporter vor, damit das Pferd keine Gelegenheit erhält, sich selbständig zu machen. Bevor man das junge Pferd nun putzt und fertig macht, zeigt man ihm erst die Umgebung, führt es und longiert es auch, wenn die Möglichkeit dazu besteht. Besonders bei jungen Hengsten ist dies unbedingt nötig. Müssen diese ruhig stehen, ohne sich vorher ihrer Verspannung entledigen zu können, so zeigen sie in ihrer Aufregung häufig Fehler, die sie eigentlich gar nicht haben – wie Ausschlagen, Steigen, usw.

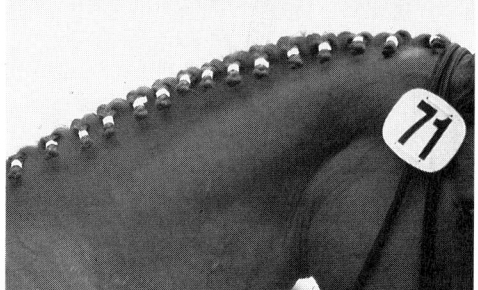

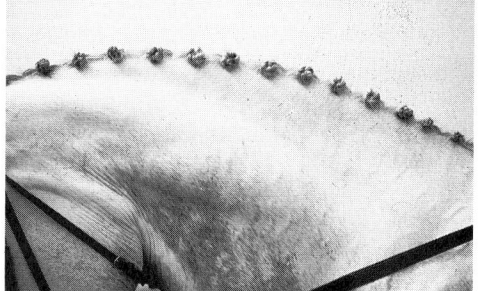

Vom üppigen Langhaar bis zur edel verzogenen Mähne lassen sich elegante und gefällige Arten finden, das Pferd individuell schick zu machen.

Schick machen

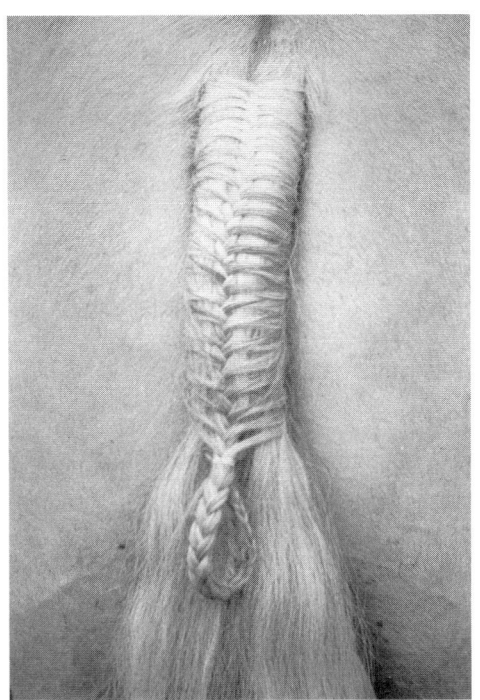

Ob ein Pferd in der Stunde der Wahrheit wirklich schick wirkt, entscheidet sich bereits Wochen, ja Monate vorher! Nur wenn es körperlich in Höchstform ist, sich trägt, das Fell glänzt und das Auge munter blickt, kann es wirklich schick sein! Für Training, rechtzeitiges Aushaaren, entsprechendes Nervenkostüm, dem Anlaß entsprechenden Futterzustand ist also rechtzeitig vorher Sorge zu tragen. Auch für den rechtzeitigen und guten Hufbeschlag, für das rechtzeitige Ausschneiden ist zu sorgen, damit Ihr stolzer Schwan nicht wie ein Tölpel herumstolpert. »Topsauberkeit« kann auch nicht erst im letzten Moment entstehen. Klatscht jemand Ihrem Pferd wohlwollend auf die Kruppe, stehen Sie sonst leicht blamiert in einer Staubwolke da. Mindestens ab einer Woche vor dem Termin ist dehalb regelmäßiges Putzen, mehrfaches Waschen des Langhaares, besonders des Schweifes, sowie ständige peinlich saubere Einstreu erforderlich. Zur leichteren Entfernung der berüchtigten »Schimmelflecke« gibt es inzwischen gute Mittel zu kaufen. Wendet man diese jedoch im letzten Moment zwischen »dunkel und siehst mich nicht« an, so können die ersten Sonnenstrahlen verblüffende Farbschattierungen zu Tage bringen. Auch die Hufe werden bereits Tage vorher regelmäßig mit Wasser gebürstet und anschließend gefettet. Besonders schick sehen sie dann auf der Veranstaltung mit schwarzem Huffett aus.

Kurz vor Beginn des Auftritts »staubt« man das Pferd dann noch mit einem feuchten Lappen ab. Mangelnder Fell-

So lassen sich Schweif und Schopf bändigen, ohne den »Regenschutz« zu verringern.

glanz wird gerne dadurch vorgetäuscht, daß dieser Lappen mit Öl getränkt wird! Auch Fellglanz- und Mähnenglanz-Präparate sind auf dem Markt. Sie dienen meist auch dazu, die Pflege weniger zeitaufwendig zu gestalten. Einige wirken zudem wasserabstoßend, bzw. rückfettend. Dies kann den Verlust des Hautfettes beim gründlichen Waschen und Putzen ausgleichen, und das Pferd wird nicht unnötig bis zur Haut naß. Dadurch kann man es sich ersparen, das sauber geputzte Pferd wegen jedes kleinen Schauers aufzustallen, um nicht eine Unterkühlung zu riskieren.

Dem Schmuck des Pferdes dient auch das sauber gepflegte, geschmackvolle und zum Typ des Pferdes passende Zubehör (Halfter, Satteldecke, Sattel, Geschirr und Wagen, usw.) Auch Reiter, Vorführer, Fahrer und Beifahrer stören das schöne Bild, wenn sie nicht sauber und gepflegt sowie der jeweiligen Kleiderordnung entsprechend (z. B. Hut, Kappe, Handschuhe, bei Damen evtl. auch Haarnetz) antreten. Den letzten Ausschlag für den Schick gibt dann die Frisur sowie das eventuell zusätzlich notwendige »Schönen« des Pferdes. Unterschiedlich nach Rasse und Veranstaltung muß man sein Pferd nämlich nicht nur gepflegt, sondern auch »geschönt« vorstellen. Solange die gestellten »Schönheitsanforderungen« nicht der Gesundheit oder dem Wohlbefinden der Tiere abträglich sind, sollte man ihnen nachkommen – mit den Wölfen muß man heulen, wenn man mit ihnen laufen will!

Extremen Gebräuchen sollte man jedoch nicht folgen und sie auch, wenn sie tierquälerisch sind, bekämpfen! Das Tennessee-Walker Showhorse ist hierzu ein besonders abschreckendes Beispiel. Dieses gutmütige, sanfte Pferd verbringt seine ganze Showkarriere auf mindestens 10 cm hohen Stöckelschuhen und mit ständig offen gehaltenen Wunden an

seiner »stolz getragenen« Schweifrübe. Hier sei auch das leider bei Arabern übliche Ausreißen der Tasthaare am Maul genannt! Sogar die Fohlen, die ja mit Hilfe dieser Tasthaare das Euter finden müssen, verschont man nicht davor. Dagegen ist das auch gebräuchliche Einölen der Augenumgebung wie der Nüstern- und Maulpartie harmlos.

Jedoch auch bei vermeintlich kleinen Veränderungen sollte man das Wohlbefinden und die Gesundheit der Pferde nicht aus den Augen lassen. Schert man z. B. nach »Rassestandard« übermäßigen Fesselbehang aus, so läßt man ein »Zöpfchen« stehen, damit Wasser davon abtropfen kann und die empfindliche Haut in der Fesselbeuge nicht gereizt wird oder gar an Mauke erkrankt. Die Deckhaare am Schweifansatz werden häufig schnell-schnell ausrasiert. Wie nachwachsende Haare piksen, weiß jeder, der schon an ähnlich empfindlicher Stelle rasiert werden mußte! Stellt man ein derart »kahles«, ungeschütztes Pferd dann jedoch in Wind und Wetter, so drohen auf Dauer Scheidenkatarrh und Mastdarmvorfall. Deshalb ist auch das übliche Verziehen nicht zu empfehlen. Gesünder – wenn auch umständlicher – ist es, aus den Randhaaren ein nach unten auslaufendes schmales Mittelzöpfchen zu flechten und nach der Veranstaltung wieder zu öffnen.

Jede Rasse hat ihre eigenen Schönheitsvorstellungen. Bei Warmblut werden die Mähnen auf eine Handbreit verkürzt und durch ständiges »Verziehen« edel ausgedünnt. Der Schweif soll dagegen ja nicht »mickrig« wirken, er wird deshalb nur »verlesen« und ja nicht gebürstet, damit nicht unnötig Haare ausgerissen werden. Für die Veranstaltung wird dann – auch bei Absatz-Fohlen – die verzogene Mähne zu lauter winzigen Zöpfchen geflochen. Diese werden dann zum Hals hin umgebogen und Zopfende samt -ansatz mit farblich passenden Gummiringen oder Isolierband fest umwickelt (In Großbritannien, wo Pferdepflege besonders hoch im Kurs steht, wird jedes Zöpfchen gar mit Nadel und Faden zu einem kleinen Knöpfchen fest vernäht!). Der Schopf des Pferdes wird in ein einzelnes Zöpfchen bzw. Knöpfchen verwandelt. Der Araber soll auf der Zuchtschau durch offenes, seidig feines, aber üppiges Langhaar brillieren. Als Kontrast wird dann die Mähne am Genick etwa eine Handbreite total abgeschoren, um dieses besonders leicht und edel erscheinen zu lassen. Der Schweif des Arabers soll ein üppiger »Fasanenschweif« sein, der sanft gerundet abschließt und fast den Boden berührt.

Der Schweif eines Wagenpferdes wird dagegen gerade abgeschnitten und soll dann nur noch lang so sein, daß er, wenn ihn das Pferd »trägt«, gerade das Sprunggelenk berührt. Die Mähne des Wagenpferdes wird auf dem Turnier offen getragen und liegt rechts des Halses, der Schopf liegt unter dem Stirnriemen. Die Mähne eines Material- oder Dressurpferdes wünscht der Richter (auch wenn sich die LPO hierüber ausschweigt) immer geflochten zu sehen. Dadurch wird es ihm erleichtert, Halsoberlinie wie Haltung zu beurteilen. Bei Springpferden sind kurze Zöpfchen nicht nur hübsch, sondern auch praktisch. So weht die Mähne dem Reiter nicht ins Gesicht und die Handhabung von Gerte und Zügeln wird nicht behindert. Bei langmähnig gewünschten Rassen oder auch Einzeltieren teilt man das sorgfältig gekämmte Mähnenhaar zu Strähnen. Diese umwikkelt man unweit des Ansatzes mit Isolierband. Nun teilt man die Strähnen weiter unten in zwei Hälften und umwickelt je zwei Nachbarsträhnchen. So entstehen beliebig viele Reihen »Isolierbandschmuck« und ein hübsches Rautenmuster. Auf Festumzügen haben sich auch Blumenschmuck sowie »Strohperücken« = Zöpfe aus Stroh, mit denen die Mähne verlängert wird, eingebürgert.

Bei Schauvorführungen haben auch gleichmäßige Stoffgamaschen, Originalzäume, Originalkostüme usw. eine schicke Wirkung. Gruppen sollten mit einheitlichen Schabracken, Uniformen usw. ausgestattet sein.

Zuchtpferde-Veranstaltung

Als »Gebrauchsanweisung« für die Vorstellung auf einer Zuchtschau legen wir das Merkblatt eines Landesverbandes bei. Vorauszuschicken ist, daß das junge Zuchtpferd selbstverständlich von überdurchschnittlicher Qualität sein soll und eine gute Entwicklung aufweisen muß. Zudem muß es »konditioniert« und trainiert sein. Hierfür empfiehlt sich die Arbeit über Stangen sowie an der Doppellonge, damit das Pferd sich gut trägt, Kadenz und schwungvolle Bewegungen zeigt. Freie, lockere »Remontebewegungen« sind leider auf Zuchtschauen nicht gefragt – hier kommt ein exaltierter Strampler, ein Pferd mit Spannungstritten und aufgestelltem Schweif, noch eher zu guten Bewertungen.

Rechtzeitiges Beschlagen ist in Erwägung zu ziehen. Bei kleinen Pferden kann das den nötigen Zentimeter bringen, auch wenn angeblich der Beschlag wieder vom Stockmaß abgerechnet wird. Sie können jedoch Pech haben und der Beamte zieht Ihnen den Beschlag auch beim Barfußpferd ab. Liegt das Pferd im Rahmen an der unteren Grenze, so stellen Sie es beim Messen besonders sorgfältig auf. Die Vorderbeine müssen gerade und nicht zu weit auseinander stehen. Kopf und Hals drücken Sie kräftig nach oben, dadurch tritt der Widerrist gut hervor, und wieder ist ein Zentimerchen gewonnen. Eher zu große Pferde dürfen jedoch ruhig »schlampig« stehen und auch den Kopf hängen lassen, dann sind sie wenigstens nicht überrahmig. Eisen und lange nicht ausgeschnittene Hufe sind hier auch fehl am Platz.

Das schwierigste bei der Präsentation an der Hand ist sicher die Aufstellung im Stand. Zuhause kann man dies nicht oft genug üben – in aufregender fremder Umgebung ist es nämlich ungeheuer schwer für das junge Pferd, *ruhig* zu stehen. Besonders wichtig ist es, während der Aufstellung ständig mit beiden Zügeln ein wenig zu spielen. Das Pferd soll auf der Trense gut kauen und ständig auf den Vorführer aufmerken müssen. Nur so kann man auch die Oberlinie und vor allem die wichtige obere Halslinie gut betonen. Unbedingt zu vermeiden sind harte Paraden. Ein hochgerissener Kopf und ein herausgedrückter Unterhals ist das Letzte, wofür die Kommission schwärmt!

Einladungen für Zuchtschauen ergehen ausschließlich an Züchter, das heißt, Sie müssen Mitglied eines Zuchtverbandes sein. Auch Zuchtbucheintragungen sowie das Ausstellen von Fohlenscheinen usw. sind nur bei Pferden möglich, deren Besitzer Mitglied im zuständigen Verband ist.

Zuchtpferde auf Schauen

Praktische Tips zur Vorbereitung und Vorstellung

Zu Zuchtschauen geben wir Ihnen einige Tips zum Vorstellen und Mustern der Pferde an der Hand.

Durch sachgerechtes Vorführen wird die Qualität der Pferde besser herausgestellt. Eine gerechte Bewertung ist nur möglich, wenn die Kommission nicht von den Vorzügen des Pferdes abgelenkt wird.

Deshalb sollte es im Interesse eines jeden Pferdebesitzers liegen, seine Stute oder sein Fohlen so gut wie möglich vorzustellen, d. h. das Tier muß willig an der Hand gehen und gute Bewegungen in Schritt und Trab zeigen.

Der gute Gesamteindruck dieses Pferdes wird durch die stilechte Tracht des Vorführers und das passende Halfter noch verstärkt.

Die korrekte Aufstellung des Zuchtpferdes muß zu Hause sorgfältig geübt werden. Steht das Pferd nicht locker und entspannt bei Betonung der oberen Linie, wird der Kommission sonst ein ungünstiges Bild vermittelt.

Die Dreiecksbahn zum Mustern in Schritt und Trab

Am besten übt man das Führen und Traben auf der Dreiecksbahn mit der Stute oder dem Fohlen schon zu Hause. Die Pferde sollten an diese Art der Vorstellung gewöhnt sein. Das gilt sowohl für ruhige, als auch für nervige bzw. nervöse Tiere.

Pferde, die eher gelassen sind, sollten vor der Schau *nicht müde* gemacht werden, damit sie noch genügend Schwung in der Bewegung zeigen. Temperamentvolle Tiere sollten am Vortag *ruhig bewegt* werden. Nur so ist ein geregelter Ablauf ohne »Seitensprünge« gewährleistet.

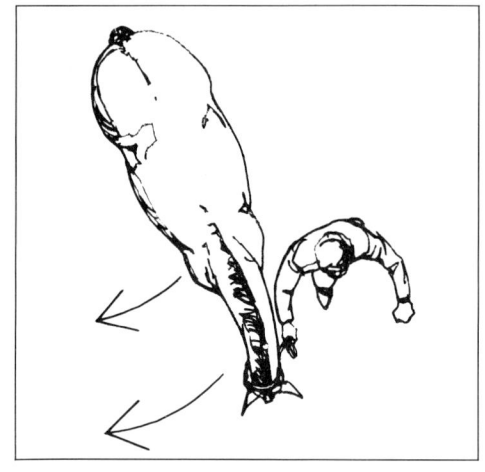

Beim Führen die Wendungen immer nach rechts machen.

Das Vorstellen

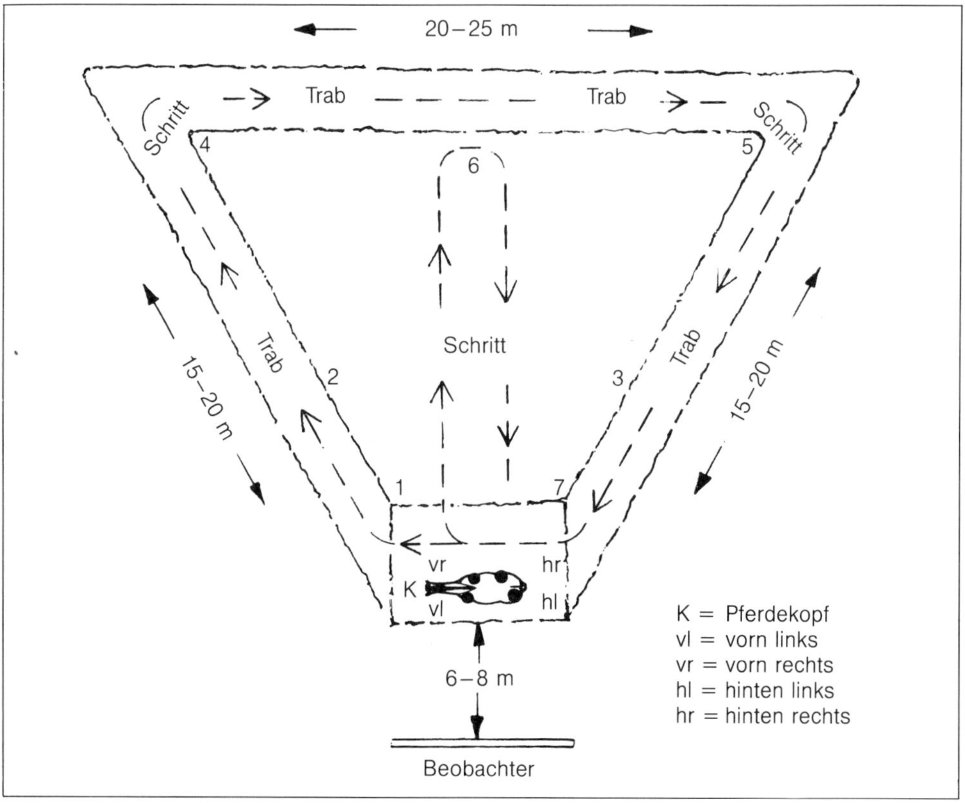

K = Pferdekopf
vl = vorn links
vr = vorn rechts
hl = hinten links
hr = hinten rechts

Aufstellen und Führen auf der Dreiecksbahn.

Auch die Fohlen, die während der Vorstellung bei der Mutter bleiben, müssen diese Situation bereits von zu Hause kennen. Vor der Schau sollte ihnen eine ausreichende Zeitspanne zur Eingewöhnung an die fremde Umgebung zugestanden werden.

Die Aufstellung

- ☐ bei Beginn des Musterns linke Breitseite zur Kommission
- ☐ alle vier Beine sollen gleichmäßig belastet sein
- ☐ die offene Seite ist dem Betrachter zugewandt
- ☐ Hals und Kopf schauen geradeaus
- ☐ der Vorführer steht mit leicht gegrätschten Beinen vor dem Pferd, die Zügel in beiden Händen
- ☐ ist der Platz uneben, sollte die Vorhand höher stehen als die Hinterhand, keinesfalls umgekehrt
- ☐ nach Beendigung der Trab- und Schrittstrecke wird die Stute mit der rechten Brustseite zur Kommission gestellt

Das Führen

- ☐ Zügel mit Zügelenden in die rechte Hand
- ☐ der Zeigefinger teilt im Abstand von ca. 30 cm zu den Zügelringen die Zügel
- ☐ der rechte Zügel wird kürzer gefaßt als der linke
- ☐ Wendungen immer rechts herum

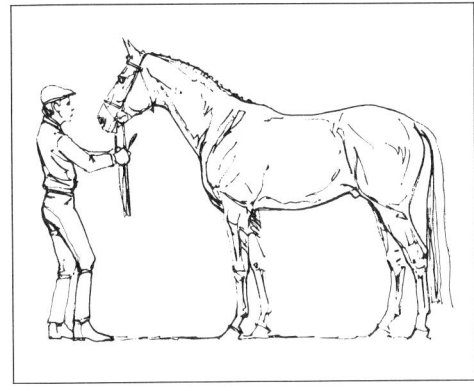

Offene Stellung mit gleichmäßig belasteten Beinen.

- ☐ die linke Hand bleibt frei und regelt, z. B. durch Heben in Augenhöhe, den Vorwärtsdrang
- ☐ ruhig antraben, allmähliche Temposteigerung bis zur Ecke
- ☐ in den Ecken zum Schritt durchparieren
- ☐ immer gleiche Höhe zur Pferdeschulter halten, nicht vor dem Pferd herlaufen
- ☐ der Blick des Führenden ist geradeaus gerichtet
- ☐ nach der Schlußaufstellung wird das Pferd im Trab aus der Bahn geführt.

Eine ruhige Stimme wirkt immer positiv auf das Pferd.

Noch etwas: Bringen Sie bitte zu den Stutbucheintragungsterminen und den Stutenschauen immer den Originalabstammungsnachweis Ihrer Stute mit.

Das junge Pferd bei seinem ersten öffentlichen Auftritt in ruhiger Atmosphäre kommt im Rücken zum Schwingen – und seine junge Reiterin strahlt vor Freude.

Hier läßt es sich völlig locker an den Zügel stellen und »arbeitet« wie ein alter Hase, ein Ohr auf den Reiter gerichtet.

Turnier/Leistungs-schau

Ein trittsicherer Boden, eine gepflegte Trense, ein konzentriertes Pferd – ein gelungener erster Auftritt.

Für die erste öffentliche Vorstellung auf einer Leistungsschau (landläufig Turnier genannt) sollte eine kleine, ländliche Veranstaltung sowie eine möglichst leichte Prüfung gewählt werden. Dies gilt sinngemäß auch für Western-, Islandturniere, Rennen, usw. Je weniger Zuschauer, je weniger Trubel (= je früher die Startzeit!), desto weniger wird Ihr junges Pferd abgelenkt. Sie sollten einen Turnierort wählen, der zumindest über ausreichende Vorbereitungsmöglichkeiten (Longierplatz, großer Abreiteplatz) verfügt. Auch die Bodenbeschaffenheit muß bedacht werden. Am besten geeignet ist Sandplatz oder wenigstens sandhaltiger Naturboden, auf dem die jungen Pferde nicht so leicht rutschen. An die besonderen Umstände – z. B. weiße Dressurplatzeingrenzung und vieles andere mehr! – sind die jungen Pferde vorher zu gewöhnen.

Ein besonders netter Veranstalter wird Ihnen vielleicht am Tage vorher einen »Proberitt« erlauben. Eine weitere »Einstiegsmöglichkeit« bietet sich oft im Anschluß an ein Turnier: Am Tage danach erlauben die meisten Veranstalter, den Dressurplatz zu benützen und vielleicht sogar den noch stehenden Parcours zu springen.

Die Gelegenheit, drei- und vierjährige Pferde auf Materialprüfungen vorzustellen, sollte man immer nützen. Dies ist jedoch nur für Pferde mit deutschem Abstammungsnachweis, die FN-eingetragen sind, möglich. Bei Materialprüfungen kann man das junge Pferd bereits zu einem Zeitpunkt an Publikum gewöhnen, an dem seine Ausbildung noch in den Anfängen steht. Bei wichtigen Prüfungen (z. B. Hengst- oder Stutenleistungsprüfung!) ist es dann an die äußeren Umstände (Trubel usw.) sowie an das ganze »Zeremoniell« (Transport, Frisieren, evtl. fremder Stall) schon gewöhnt und regt sich weit weniger auf. Deshalb »guckt« und wiehert es weniger, ist konzentrierter und weitaus leistungsfähiger.

Umzüge, Volksfeste, Reiterfeste

Veranstaltungen mit großem Publikums-zuspruch bieten für den ersten öffentli-chen Auftritt eines jungen Pferdes einen »zu großen Rahmen«. Kritisch wird es, wenn das junge Pferd nicht – wie auf einem Turnier – seine »eingelernte Lek-tion« herunterspielen und dann wieder auf dem sicheren Hänger verschwinden kann. Auf dem kleinen Turnier kann man ein »durchdrehendes« Pferd auch meist noch durch Vorwärtsreiten bzw. -fahren wieder in die Hand bekommen.

Weit schlechter um die allgemeine Si-cherheit (wie um das Nervenkostüm des jungen Pferdes!) ist es dagegen bei land-läufigen Leonhardifahrten, Karnevalsum-zügen, Festzügen usw. gestellt. Hier kann das junge Pferd der Nervenbela-stung (Lärm, Musikkapelle, Gedränge, Berührungen durch unerfahrene Men-schen, usw.) nicht durch die Flucht ent-gehen. Langsamer Schritt, unterbrochen von langen Stehpausen, bestimmt das »Marschtempo« der Festzüge. Erfahrene »Umzügler« gehen das Risiko vor allem mit einem Gespann dennoch häufig ein. Hier sollte wenigstens das »Beipferd« er-fahren sein. Wenn auch nur ein »Green-horn« im Gespann ist, so sollte dennoch jedes Pferd eine führende Begleitperson am Kopf haben. Durch viele Unfälle ge-witzt, verlangen die Veranstalter vom Fahrer meist schon den »Führerschein« = das Fahrabzeichen.

Dem Reiter traut man eher zu, sein Pferd unter Kontrolle halten zu können. Doch sollte auch dieser für sein junges Pferd einen »Führer« organisieren, sowie nach Möglichkeit neben einem vertrauten Pferd herreiten.

Sieht man auf dem Bereitstellungsplatz, daß das junge Pferd sehr aufgeregt ist, sollte man die meist letzte Möglichkeit, sich gut aus der Affäre zu ziehen, zur Heimfahrt nutzen! Zeigt man das junge Pferd auf einem Volkfest, einer Ausstel-lung o. ä. an der Hand oder in einer klei-nen Schaunummer, so ist die Nervenbe-lastung für das junge Pferd meist gerin-ger. Häufig ist sie auf den An- bzw. Ab-marsch durch die Menge konzentriert. In dieser Zeit sollte eine Begleitperson am Kopf des Pferdes bleiben.

Bei einer ländlichen Pferdepräsentation mit Schauvorführungen anläßlich eines Jubiläums hatten wir an einem strahlend schönen 1. Mai an die 3000 bis 5000 Zuschauer! Es herrschte Volksfestatmo-sphäre, alles war vollgeparkt, und es herrschte ein unglaubliches Gedränge. Ein vierjähriger Araberhengst regte sich dann auch so auf, daß die Besitzerin die Präsentation ihres Zuchthengstes abbre-chen mußte, um Zuschauer und Betei-ligte nicht weiter zu gefährden.

Auf den in letzter Zeit in immer größerer Zahl stattfindenden »Freizeitreiter«- Ver-anstaltungen werden an Vertrauen und Gelassenheit der Pferde Anforderungen gestellt, die so manchen Turnierreiter blaß um die Nase werden ließen. Bevor Sie sich frohgemut mit einem – evtl. noch »grünen« – Pferd auf so eine Veranstal-tung wagen, sollten Sie sich unbedingt erst vergewissern, was da auf Sie zu-kommt! Da meist auch umfangreiches, fachspezifisches Vortraining nötig ist, sind diese Veranstaltungen meist nur für »regelmäßige Freizeitreiter« mit »spe-zialtrainierten« und bestausgebildeten sowie erfahrenen Pferden wirklich ein Vergnügen. Aber nicht für den Wochen-endreiter mit dem jungen Pferd!

Zu solchen Umzügen vor viel Publikum gehören ältere, ruhige Pferde, die ihre wertvolle Last und auch den älteren, ungeübten Reiter sicher tragen.

Ausblick:
Vom Anreiten zur Reitkunst

Im Laufe der bisherigen Ausbildung hat man das Pferd nacheinander und zur rechten Zeit mit sämtlichen Hilfen vertraut gemacht. Danach mußte es sich auf das Zusammenspiel all dieser Hilfen einstellen. Jetzt kann man die Hilfengebung immer mehr verfeinern. Das aufmerksam an den Hilfen stehende Pferd wird immer weniger deutliche oder gar »grobe« Hilfengebung nötig haben. Nun kann man auch nach Belieben den »Stil« variieren, auf die Anwendung bestimmter Hilfen dabei wieder verzichten (wie etwa bei einem »Western-Stil«), usw. Bevor man ein Pferd jedoch ganz und gar speziali-

siert (z. B. als Spring- oder Dressurpferd), es also zum »Fachtrottel« macht, soll man seine Ausbildung jedoch auf eine breite und gesunde Basis stellen. Auch wenn es sich auf seinem Spezialgebiet geradezu anbietet!

So kann es nämlich vielseitig trainiert und immer wieder »reell« aufgebaut werden. Probleme durch einseitige Belastung des Körpers, Unrittigkeit und Unerfahrenheit können dadurch leicht behoben werden bzw. treten gar nicht erst auf. *Jedes Pferd* sollte möglichst gut ausgebildet werden, und man sollte es auf dem Platz wie im Gelände reiten, springen und fah-

Lange Jahre geduldige und saubere Arbeit...

ren können. Man sollte anstreben, daß diese »umfassende Basisausbildung« möglichst etwa dem Niveau »leicht« (= L nach LPO) entspricht.

Das heißt nun beileibe nicht, daß das Pferd sämtliche L-Lektionen in Dressur und Fahren beherrschen und einen L-Springparcours gehen können muß! Das heißt nur, daß seine Rittigkeit so weit gefördert werden muß, daß sie den allgemeinen, sinngemäßen Anforderungen dieser »Klasse« entspricht. D.h., das Pferd muß sich beispielsweise sowohl »lang« machen wie bei Bedarf »versammeln« lassen – und beides ohne Taktverlust und Heftigkeit.

Zudem muß es in allen Gangarten und Tempi, bei allen Paraden, in allen Wendungen und auch beim Springen fähig sein, mit seinem Reiter im Gleichgewicht zu gehen.

Auch der Springreiter muß den Galoppsprung seines Pferdes nach Belieben verlängern oder verkürzen, das Pferd aufnehmen und »versammeln« und auch wieder »schicken« können. Diese allgemeinen Rittigkeitsanforderungen sind auch z. B. an ein gut gerittenes Western- oder auch Gangpferd zu stellen! Für die Springausbildung ist die Höhe nicht ausschlaggebend. Das Pferd soll nur rittig, geschickt und »springfreudig« werden, sowie Geländehindernisse (Baumstämme, Graben, Wall, Wasser) wie auch feste und abwerfbare Hindernisse flüssig nehmen lernen. Dabei gilt das Augenmerk der Rückentätigkeit und vor allem der Rittigkeit, die entsprechende Linienführung sowie das Kombinieren der Hindernisse ermöglicht. Die Abmessungen der Hindernisse sollen aber immer weit unter den Möglichkeiten des Pferdes bleiben.

Wahre »Kunst« wird aus dem Reiten erst, wenn die Bewegungen des Pferdes schwerelos »ästhetisch« werden und die Hilfengebung dabei so weit verfeinert ist, daß die Verständigung auf Telepathie zu beruhen scheint – Pferd und Reiter zu einem Wesen verschmelzen...

... Gefühl und unendliche Konzentration ... dann wird Reiten irgendwann zur Kunst.

Weitere BLV Bücher – speziell für Sie ausgewählt

Elwyn Hartley Edwards

Pferdeausbildung

Grundkenntnisse über Anatomie und Psychologie des Pferdes, Kauf und Ausrüstung, Ausbildungsprogramme vom Longieren bis zum Dressur- und Springreiten.
4. Auflage, 238 Seiten, 60 Fotos, 3 Bildserien, 60 Zeichnungen

Ulrike Buurman-Paul/Winfried Paul

Moderne Pferdezucht und Haltung

Haltung, Zucht und Aufzucht auf dem aktuellsten Stand mit vielen praktischen Ratschlägen.
3. Auflage, 163 Seiten, 21 Farbfotos, 29 s/w-Fotos, 30 Zeichnungen

Gerhard Kapitzke

Das Pferd von A–Z

Aktuelles Grundlagenwissen von A–Z zu Pferdezucht und -haltung sowie zum Reit- und Fahrsport in 1070 Stichwörtern; die wichtigsten hippologischen Fachbegriffe in deutsch, englisch, französisch und spanisch.
2. Auflage, 349 Seiten, 41 Farbfotos, 200 s/w-Fotos, 57 Zeichnungen, 63 Grafiken mit 317 Einzelabbildungen

Jeremy Houghton Brown/Sarah Pilliner/Vincent Powell-Smith

Pferde-Management

Das umfassende, praxisnahe Handbuch über modernes Pferde-Management – ein unentbehrliches Nachschlagewerk für jeden, der mit Pferden arbeitet: alles über Pferdezucht und -haltung sowie Pferdetraining.
303 Seiten, 2 Fotos, 77 Zeichnungen

Hans Joachim Schwark

Pferdezucht

Fachbuch für Pferdezüchter und Pferdesportler: alle Teilbereiche der Pferdezucht nach neuestem Erkenntnisstand, mit allen Daten und Fakten, interessantem Bildmaterial und vielen Praxistips.
3. Auflage, 448 Seiten, 197 Farbfotos, 80 s/w-Fotos, 69 Zeichnungen

Ulrik Schramm

Das verrittene Pferd

Probleme, die bei der Ausbildung von Reitpferden auftreten können: mögliche Ursachen, notwendige Korrekturarbeit.
119 Seiten, 55 Fotos, 80 Zeichnungen

Ulrik Schramm

Die Untugenden des Pferdes

Voraussetzungen, Ursachen und Erscheinungsformen von Untugenden im Stall und unter dem Sattel, Korrekturmöglichkeiten, Ratschläge für die Pferdepraxis.
128 Seiten, 72 Zeichnungen

Edward C. Straiton

Pferdekrankheiten

Erkennen und Behandeln allgemeiner Pferdekrankheiten und besonderer Verletzungen mit Tips zu Stallhaltung, Fütterung, Zucht.
7. Auflage, 192 Seiten, 23 Farbfotos, 330 s/w-Fotos, 23 Zeichnungen

In unserem Verlagsprogramm finden Sie Bücher zu folgenden Sachgebieten:
Garten und Zimmerpflanzen · Natur · Angeln, Jagd, Waffen · Sport und Fitness · Pferde und Reiten · Wandern und Alpinismus · Auto und Motorrad · Essen und Trinken · Gesundheit.
Wünschen Sie Informationen, so schreiben Sie bitte an:
BLV Verlagsgesellschaft mbH, Postfach 40 03 20, 8000 München 40

BLV Verlagsgesellschaft München